LOS ÚLTIMOS DÍAS

A TU ALCANCE

Timothy Paul Jones

ROSE
ESPAÑOL

Los últimos días a tu alcance

Publicado por Rose Publishing Español
Un sello editorial de Tyndale House Ministries
Carol Stream, Illinois, EE. UU.
rose-publishing.com

La serie A tu Alcance es una colección de libros de bolsillo concisos que resumen enseñanzas bíblicas claves. Proporcionan explicaciones claras y sencillas a preguntas comunes acerca de la fe cristiana. Descubre más libros de la serie A tu Alcance en rose-publishing.com.

ISBN 979-8-4005-0853-0

Originalmente publicado en inglés en el 2024 como *End Times Made Easy* por Rose Publishing con ISBN 979-8-4005-0238-5.

Traducción al español: Mayra Urízar de Ramírez
Edición en español: José Ismael Ramírez Pérez

Fotos e ilustraciones utilizadas bajo licencia de Shutterstock.com; Adobe Stock (pág. 10); Unsplash (pág. 47).

Impreso en China
Printed in China
June 2025, 1st Printing

Contenido

CAPÍTULO 1

¿Estamos viviendo en los últimos días? 4

CAPÍTULO 2

¿Qué va a pasar en los últimos días? 16

CAPÍTULO 3

¿De qué trata el libro del Apocalipsis? 46

CAPÍTULO 4

¿Qué dijo Jesús acerca de los últimos días? 67

CAPÍTULO 1

¿Estamos viviendo en los últimos días?

¿*Estamos viviendo en los últimos días?* Por un lado, esa es una pregunta sencilla de responder. ¡Sí, así es! La Biblia lo afirma:

- Cuando el Espíritu Santo llenó las vidas de las personas en el día de Pentecostés, el apóstol Pedro proclamó que ese derramamiento lo había predicho el profeta del Antiguo Testamento Joel, por lo que Pedro identificó esos acontecimientos como parte de «los últimos días» (Hechos 2:16-17).

- La Carta a los Hebreos lo deja aún más claro: «En estos últimos días, nos ha hablado por medio de su Hijo» (Hebreos 1:2). La obra de Jesucristo en la tierra fue la señal definitiva de los tiempos, y en él ya han amanecido los últimos días.

En ese sentido, los escritores del Nuevo Testamento fueron capaces de describir todo el período entre la resurrección de Jesús y el fin de los tiempos como «los últimos días».

Por otro lado, la pregunta «¿Estamos viviendo en los últimos días?» puede resultar algo complicada de responder. Es frecuente que las personas que se plantean esa pregunta se hallen en busca de respuestas a una serie de interrogantes acerca del fin de los tiempos: *¿Qué tan pronto regresará Jesús? ¿Volverá en nuestros días? ¿Son los acontecimientos que vemos en las noticias señales del fin de los tiempos? ¿Qué podemos esperar que suceda en esos últimos días?* La respuesta de los cristianos a ese tipo de preguntas depende de su interpretación de las profecías bíblicas y las promesas divinas. Más concretamente, la determinan sus perspectivas acerca del cumplimiento de las promesas de Dios; su entendimiento del libro del Apocalipsis y otras partes de la Biblia similares, como también de su comprensión de lo que significan las palabras de Jesús a sus discípulos en el monte de los Olivos.

LOS ÚLTIMOS DÍAS:

Acontecimientos que conducen al regreso físico de Jesús a la tierra y a la formación del cielo nuevo y la tierra nueva, y que los incluyen.

Analizaremos todos estos aspectos en las próximas páginas, mediante la comparación de las diferentes posturas que los cristianos siguen para entender el fin de los tiempos. Independientemente de lo que ya pienses acerca de los últimos días, este estudio puede proporcionarte aliento para tu vida diaria.

Si te sientes muy seguro en cuanto a un punto de vista en particular de los últimos días, considera esta una oportunidad para explorar lo que otros cristianos, que creen en la Biblia y tienen diferentes puntos de vista, piensan que sucederá en los últimos días.

Si no te hallas seguro de lo que crees acerca de los últimos días, este libro te ayudará a conocer los diferentes puntos de vista y a escudriñar las Escrituras por ti mismo. Cualquiera que sea el punto de vista que adoptes (si es que lo haces), aún puedes animarte a hacer lo que Jesús les dijo a sus discípulos: «¡Así que ustedes también deben estar alerta!, porque no saben qué día vendrá su Señor» (Mateo 24:42).

Si te asalta la inquietud de que estudiar los últimos días sea demasiado complicado, demasiado extraño o que simplemente no valga la pena el esfuerzo, puedes aprovechar este libro para lanzarte al agua y descubrir que Dios diseñó cada detalle de las Escrituras, incluso las partes acerca del fin de los tiempos, para «preparar y capacitar a su pueblo para que haga toda buena obra» (2 Timoteo 3:17).

Mantener nuestros ojos en la mira correcta

Estudiar los últimos días puede parecer un asunto peligroso. Se sabe que un énfasis excesivo en los últimos días, independientemente de cuán bienintencionado sea, lleva a las personas a algunos comportamientos poco convencionales. Ya sea que se lleve carteles de «¡El fin se acerca!» en las esquinas de las calles o se busque en los códigos de barras la misteriosa marca de la bestia; en ocasiones, a las personas les preocupa que puedan desviarse hacia callejones peligrosos de los últimos días.

Sin embargo, hay un hecho simple que debes recordar para mantenerte en la dirección correcta: *solo es peligroso si te enfocas en el extremo equivocado.*

En el Evangelio de Juan hay una historia acerca de una ocasión en que algunos maestros religiosos cuestionaron a Jesús en cuanto a sus credenciales mesiánicas. Jesús les respondió: «Ustedes estudian las Escrituras a fondo porque piensan que ellas les dan vida eterna. ¡Pero las Escrituras me señalan a mí!» (Juan 5:39).

¿Lo captaste?

«¡Pero las Escrituras me señalan a mí!», afirmó Jesús acerca de la Biblia.

Las Escrituras —en las que los maestros religiosos buscaban la vida al cumplir las leyes religiosas y relacionarse con los patriarcas como Abraham— no se trataban en lo más mínimo principalmente de reglas o identidades familiares. Las Escrituras trataban (y siguen tratando) acerca de Jesús. Por eso es que, cuando Jesús se encontró con un par de discípulos abatidos en el camino a Emaús, comenzó a hablar «de Moisés y de todos los profetas» y les mostró cómo él era el tema central de todas «las Escrituras» (Lucas 24:27). Esa es también la razón por la que Pablo le hizo ver a su protegido pastoral, Timoteo, que el propósito de «las sagradas Escrituras» era darle al pueblo de Dios «sabiduría para recibir la salvación que viene por confiar en Cristo Jesús» (2 Timoteo 3:15).

ESCATOLOGÍA:

De la palabra griega *ésjatos*, que significa «final» o «último», y *logos*, que significa «palabra» o «idea». La escatología es el estudio de los acontecimientos que conducen al fin de los tiempos.

El objetivo y meta de la obra de Dios en la historia no es una serie específica de acontecimientos apocalípticos o incluso un lugar celestial en particular; es, más bien, una persona. Es Jesús quien declaró: «Yo soy el Alfa y la Omega, el Primero y el Último, el Principio y el Fin» (Apocalipsis 22:13). Él es la fuente del orden creado, aquel «para quien y por medio de quien todo fue hecho» (Hebreos 2:10; Colosenses 1:16). Jesús es la fuente de la creación de Dios y de la historia de Dios, y él es la meta del plan de Dios.

Dios sin duda le pondrá fin al mundo tal como lo conocemos en algún momento determinado y de una manera concreta —eso es lo que llamamos los «últimos días»—, pero no se trata solo del fin del tiempo por el que gime todo el cosmos. Lo que toda la creación aguarda con expectación es la revelación de Jesús junto a la multitud redimida de sus seguidores (Romanos 8:18-23). El propósito de Dios no es simplemente llevar a la gente al cielo. Su plan siempre ha sido mostrar su gloria por todo el mundo en y a través de Jesús (Efesios 1:9-10). El cielo, la nueva creación y nuestra salvación son el resultado del plan de Dios de reunir todo en Jesús el Mesías.

Por lo tanto, a medida que avancemos en este estudio acerca de los últimos días como dice Hebreos 12:2, debemos mantener nuestros ojos fijos únicamente en Jesús, aquel que comienza y completa nuestra fe.

Encontrar puntos en común

Antes de que comencemos a analizar los diferentes puntos de vista acerca de los últimos días, es importante hacer una pausa y considerar los puntos en común que hay entre los cristianos. Estas son tres verdades acerca de los últimos días que los cristianos, a lo largo de la historia, siempre han creído.

1. Jesús volverá

Los cristianos están de acuerdo en que Jesús volverá a la tierra en forma corporal en algún momento en el futuro, pero sostienen diferentes puntos de vista en cuanto a la secuencia de los acontecimientos que rodean su llegada. Algunos creen que el regreso de Cristo será un solo acontecimiento *después* de un tiempo de tribulación. Otros creen que Dios retirará a sus seguidores *antes* de un tiempo de tribulación; luego, Cristo regresará para reinar después de que la Tribulación haya pasado.

- Tras la ascensión de Cristo al cielo, dos ángeles dijeron a los discípulos: «¿por qué están aquí parados, mirando al cielo? Jesús fue tomado de entre ustedes y llevado al cielo, ¡pero un día volverá del cielo de la misma manera en que lo vieron irse!» (Hechos 1:10-11).

- Pablo enseñó que «el Señor mismo descenderá del cielo con un grito de mando, con voz de arcángel y con el llamado de trompeta de Dios. Primero, los creyentes que hayan muerto se levantarán de sus tumbas» (1 Tesalonicenses 4:16).

2. Jesús juzgará a la humanidad

Los cristianos concuerdan en que Jesús juzgará a toda la humanidad. Algunos esperan que Jesús juzgue a los cristianos en el «tribunal de Cristo» y a los no creyentes en el «gran trono blanco», mientras que otros esperan que el juicio de toda la humanidad suceda a la vez, creyentes y no creyentes conjuntamente.

- Según la enseñanza de Pablo, «es necesario que todos comparezcamos ante el tribunal de Cristo para que cada uno reciba lo que le corresponda, según lo bueno o malo que haya hecho mientras vivió en el cuerpo» (2 Corintios 5:10, NVI).
- En el libro del Apocalipsis, Juan describió esta fascinante escena: «Y vi un gran trono blanco y al que estaba sentado en él. [...] Vi a los muertos, tanto grandes como pequeños, de pie delante del trono de Dios. Los libros fueron abiertos, entre ellos el libro de la vida. A los muertos se les juzgó de acuerdo a las cosas que habían hecho, según lo que estaba escrito en los libros. [...] Y todo el que no tenía su nombre registrado en el libro de la vida fue lanzado al lago de fuego» (Apocalipsis 20:11-15).

3. Dios resucitará a todas las personas

Los cristianos coinciden en que Dios resucitará de forma física a toda la humanidad en algún momento del futuro. Los creyentes difieren en cuanto a si la resurrección ocurrirá de una sola vez al final de los tiempos o si algunas personas resucitarán antes de la Gran

Tribulación y otras después, y el resto resucitará después del reinado de mil años de Jesús en la tierra.

- Cuando Pablo habló acerca de la resurrección de los muertos afirmó: «Cuando morimos, nuestros cuerpos terrenales son plantados en la tierra, pero serán resucitados para que vivan por siempre. [...] Son enterrados como cuerpos humanos naturales, pero serán resucitados como cuerpos espirituales» (1 Corintios 15:42-44).
- Por su parte, Juan escribió acerca de la primera resurrección y la segunda muerte: «Benditos y santos son aquellos que forman parte de la primera resurrección, porque la segunda muerte no tiene ningún poder sobre ellos, sino que serán sacerdotes de Dios y de Cristo, y reinarán con él durante mil años» (Apocalipsis 20:6).

A lo largo del tiempo y en todo el mundo, los cristianos han convergido en las tres verdades esenciales que se enumeraron anteriormente; sin embargo, el consenso no se detiene ahí. En los primeros versículos del libro del Apocalipsis, Juan les recuerda a sus lectores cristianos que él también comparte las experiencias de sus vidas diarias:

> *Yo, Juan, soy hermano de ustedes, y su compañero en el sufrimiento, en el reino de Dios y en la paciente perseverancia a la que Jesús nos llama* (Apocalipsis 1:9).

A pesar de la distancia y las diferencias que separaban a Juan de sus lectores, era su «hermano [...] y su compañero» en lo que respecta al sufrimiento (o tribulación), el reino y la paciente perseverancia.

Dos mil años después, al considerar los últimos días, estos mismos temas deberían seguir produciendo impacto entre los seguidores de Jesús. Una persona puede optar por un punto de vista diferente en cuanto al Anticristo o el Milenio que otra persona de su iglesia, pero cuando se trata del reino, la tribulación y la paciencia, lo que une a los creyentes supera en mucho a todo aquello que los separa. Con todo y sus diferencias, cada creyente en Jesús participa en el reino eterno de Dios, enfrenta tiempos de angustia y espera pacientemente el regreso de Jesús.

La gloria del reino

El reino de Dios consiste en que el pueblo de Dios viva en el dominio de Dios, bajo el gobierno de Dios[1]. Los cristianos de muchos tiempos y lugares han coincidido en que Dios inauguró un reino por medio de la vida, muerte y resurrección de Jesús. Desde el mismo comienzo de su ministerio terrenal, el evangelio de Jesús fue la Buena Noticia del reino de Dios (Mateo 3:2; 4:17, 23; 24:14). Ese reino no se hará realidad por completo hasta que el Rey Jesús regrese a la tierra. Sin embargo, eso no significa que el reino de Dios sea menos verdadero o real.

La realidad de la tribulación

Debido a que ese reino que Cristo inauguró aún no ha llegado a ser una realidad por completo en la tierra, el pueblo de Dios todavía sobrelleva tiempos de tribulación, incluso cuando se regocija en la verdad del reino eterno de Dios. Eso no debería sorprendernos. Jesús advirtió claramente a sus seguidores que sufrirían tribulación : «Aquí en el mundo tendrán muchas pruebas y tristezas; pero anímense, porque yo he vencido al mundo» (Juan 16:33). Hasta el regreso de Jesucristo, el pueblo de Dios seguirá experimentando persecución, sufrimiento y angustia. Aunque muchos no hayamos experimentado una persecución severa de primera mano, los cristianos de todo el mundo sufren hoy en día terribles persecuciones y martirios por causa de Cristo.

A lo largo de este largo período de espera para que el reino de Dios venga plenamente y haga nuevas todas las cosas, toda la creación «gime de angustia» con los hijos de Dios en espera de la revelación que marcará el fin de todo sufrimiento (Romanos 8:22-23).

La responsabilidad de perseverar con paciencia

¿A qué han sido llamados a hacer los cristianos mientras esperan esa revelación? Cada creyente en Jesucristo es compañero de otros creyentes no solo en el reino y la tribulación, sino también en la paciencia. Hasta que el reino de Dios se realice plenamente, los cristianos esperan con paciencia (Romanos 8:25).

Ahora bien, ese tipo de paciencia es muy diferente de la pereza o la pasividad. Para los creyentes en Jesús, ella significa trabajar juntos para expandir el reino de Cristo en las vidas de las personas que los rodean, en tanto que se encuentran satisfechos en la bondad del cuidado providencial de Dios en cada momento presente. Significa que nunca debemos dejar de orar como Jesús enseñó: «Que tu reino venga pronto. Que se cumpla tu voluntad en la tierra como se cumple en el cielo» (Mateo 6:10).

La vida cristiana no se trata solo del futuro, de los últimos días, ni tan solo de llegar al cielo. Si eres un creyente en el Señor Jesús, indistintamente de lo que pienses sobre el momento preciso o la secuencia de los acontecimientos de los últimos días, esos tres temas del reino, la tribulación y la paciencia no son simplemente aspectos teóricos de tu vida futura. El reino, la tribulación y la paciencia están entrelazados en cada momento de tu vida aquí y ahora.

Con esas verdades en nuestras mentes y nuestros ojos fijos en Jesús, sigamos adelante y examinemos los cuatro principales puntos de vista cristianos en cuanto al fin de los tiempos.

CAPÍTULO 2

¿Qué va a pasar en los últimos días?

En Apocalipsis, el último libro de la Biblia, el apóstol Juan recibe algunas visiones asombrosas (y, con frecuencia, extrañas) de parte Dios. En el capítulo 20, Juan vislumbra a un glorioso ser angelical. El ángel irrumpe del cielo, con una cadena y una llave en la mano. De pronto, aparece un dragón, el mismo dragón que se había escurrido en el jardín de Edén como una serpiente y que había susurrado tentaciones al oído del Mesías en los desiertos de Judea. El ángel, quien había recibido poder divino, sujeta al dragón, lo encadena y lo arroja a un pozo sin fondo donde permanecerá durante mil años. A lo largo de ese período de mil años, las almas de los mártires y los testigos fieles viven y reinan con Cristo.

En la teología cristiana, ese reinado de mil años se conoce como el Milenio, de los términos latinos para mil (*mile*) y año (*annum*). Esa idea de un reino milenial puede suscitarle muchas preguntas a los lectores de la Biblia:

- ¿Se supone que los diez siglos del Milenio deben entenderse como un período preciso o, más bien, como un símbolo de algo de mayores dimensiones?
- ¿En qué momento de la historia de la humanidad tendrá lugar el encadenamiento de Satanás (el dragón)? ¿Ya ha sucedido o está aún por venir ese acontecimiento?
- ¿Regresará Jesús físicamente a la tierra antes del Milenio o después?

A lo largo de la historia del cristianismo, se han desarrollado cuatro puntos de vista principales en cuanto a cómo terminará el tiempo. Los cuatro puntos de vista incluyen cómo los lectores de la Biblia entienden el Milenio. Se presentan a continuación:

- El premilenialismo dispensacional
- El premilenialismo histórico
- El amilenialismo
- El posmilenialismo

Los cuatro puntos de vista coinciden en tres verdades esenciales sobre los últimos días: (1) algún día Jesús regresará para restaurar el mundo, (2) Dios resucitará a toda la humanidad y (3) Jesús será su juez. Sin embargo, cada punto de vista tiene una perspectiva muy diferente en cuanto a *cuándo* regresará Jesús, *cuándo* se establecerá el reino milenial y *cómo* Jesús establecerá ese reino.

El premilenialismo dispensacional

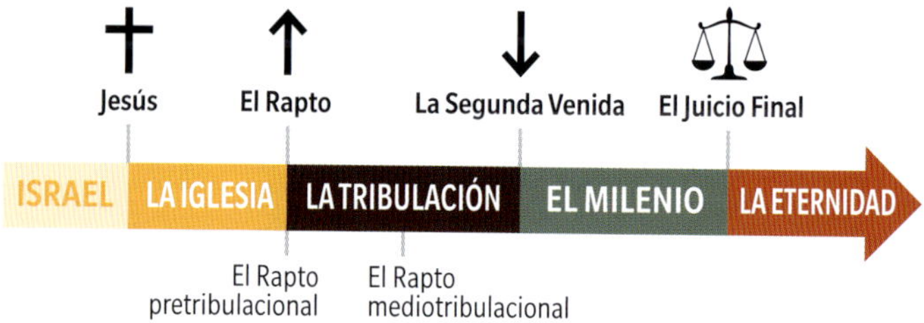

Según este punto de vista acerca de los últimos días, conocido como premilenialismo dispensacional, Jesucristo regresará a la tierra antes del («pre-») Milenio. Sin embargo, antes de que él regrese para establecer su reino de mil años, siete años de Tribulación afligirán la tierra.

El Rapto

Quizás la característica más distintiva de este punto de vista sean sus enseñanzas acerca del Rapto. La base bíblica para el Rapto proviene especialmente de la primera carta de Pablo a los cristianos de Tesalónica. En esa carta, Pablo anima a la iglesia a tener esperanza en la resurrección de los creyentes, porque un día

> *el Señor mismo descenderá del cielo con un grito de mando, con voz de arcángel y con el llamado de trompeta de Dios. Primero, los creyentes que hayan muerto se levantarán de sus tumbas. Luego, junto con ellos, aquellos de nosotros que sigamos vivos sobre la tierra seremos arrebatados en las nubes para encontrarnos con el Señor en el aire. Entonces estaremos con el Señor para siempre* (1 Tesalonicenses 4:16-17).

Ese acontecimiento de que seremos «arrebatados [...] para encontrarnos con el Señor» se conoce como el Rapto. La palabra *rapto* no aparece en la mayoría de las Biblias en español. Aun así, *rapto* es un término completamente bíblico. En la Biblia latina, el término que se traduce como «arrebatados» (o «raptados») en 1 Tesalonicenses es el verbo latino *rapiemur*, del sustantivo *raptus*. La palabra *rapto* simplemente proviene de la traducción latina y significa «ser arrebatado».

Algún día, Jesús regresará y su pueblo será arrebatado para encontrarse con él en el aire. En este punto, todos aquellos que confían en las enseñanzas de las Escrituras encuentran un terreno común. Sin embargo, lo que distingue al premilenialismo dispensacional es que este punto de vista ve el Rapto y la segunda venida de Cristo como dos acontecimientos diferentes, separados por un período de intensa tribulación. (Los otros tres puntos de vista acerca de los últimos días entienden el Rapto y el regreso de Cristo como acontecimientos que suceden en forma simultánea).

La mayoría de las personas que defienden el premilenialismo dispensacional esperan que los cristianos sean arrebatados del mundo antes de que comience la Tribulación (pre-Tribulación). Algunas de ellas piensan que el Rapto sucederá en algún momento a mitad de la Tribulación (media-Tribulación o Rapto previo a la ira). De cualquier manera, el Rapto podría suceder en cualquier momento, por lo que Jesús llama a sus seguidores a permanecer siempre listos.

Israel y la iglesia

El Rapto no es la única marca distintiva del premilenialismo dispensacional. De hecho, esa separación entre el Rapto y la Segunda Venida es, en realidad, el resultado de una diferenciación mucho más profunda. Para entender eso, tenemos que darle un vistazo cuidadoso al aspecto «dispensacional» del nombre de este punto de vista. Los dispensacionalistas clásicos creen que Dios desde siempre ha mantenido dos propósitos para con dos pueblos diferenciados: la nación de Israel y la iglesia.

- El primer propósito tiene objetivos terrenales y se relaciona con los descendientes étnicos de Abraham (Israel).

- El otro propósito tiene objetivos celestiales y se relaciona con los creyentes en Jesús (la iglesia).

Los primeros dispensacionalistas separaron el Rapto del regreso de Cristo porque creían que Dios tenía que retirar a su pueblo celestial (la iglesia) del mundo, antes de poder reanudar su obra con su pueblo terrenal (Israel).

Las diferentes manifestaciones distinguibles del plan de Dios en la historia humana se han denominado como *dispensaciones*. No todos aquellos que creen en este punto de vista acerca de los últimos días están de acuerdo con el mismo número de dispensaciones (algunos cuentan hasta ocho dispensaciones). No obstante, hay tres épocas principales que prácticamente todos los dispensacionalistas aceptan:

1. Durante la *dispensación de Israel*, Dios obró principalmente con los descendientes físicos de Abraham. El enfoque de esa dispensación era terrenal y político, estaba centrado en la Tierra Prometida. (Dios reanudará esa dispensación después del rapto de la iglesia).

2. Cuando los líderes de Israel rechazaron a Jesús como el Mesías, Dios pospuso el reino prometido e instituyó la *dispensación de la iglesia*. Durante ese tiempo, Dios está reuniendo a judíos y gentiles creyentes en un solo cuerpo: la iglesia. El enfoque de esa nueva dispensación es espiritual. Esa es la dispensación en la que vivimos hoy.

3. Después de la Segunda Venida, Cristo reinará sobre toda la tierra con los israelitas étnicos en su reino milenial. Pablo describe esta *dispensación del Milenio* en Efesios 1:10: «a su debido tiempo, Dios reunirá todas las cosas y las pondrá bajo la autoridad de Cristo, todas las cosas que están en el cielo y también las que están en la tierra».

Los dispensacionalistas ven que el pacto de Dios con Abraham de Génesis incluye garantías incondicionales de tierra y bendiciones para los descendientes de Abraham. Dios llamó a ese pacto un «pacto eterno» (Génesis 17:7, 13, 19). Debido a que ese pacto es incondicional y eterno, Dios aún tiene que cumplir las promesas que hizo al primer padre de Israel, por lo que ese cumplimiento debe satisfacer las expectativas de los primeros oyentes de esa promesa. A pesar de la constante desobediencia de Israel a lo largo del Antiguo y Nuevo Testamento, «¿acaso Dios no cumplió su promesa a Israel?» (Romanos 9:6). Los dispensacionalistas esperan que, en algún momento antes de los últimos días, el pueblo judío prospere en la tierra que se extiende desde el río Éufrates hasta el río Nilo y, de esa manera, bendiga al resto del mundo (Génesis 12:2-3; 15:18). Dios cumplirá su pacto eterno y dará la Tierra Prometida a la nación de Israel.

PREMILENIALISTAS DISPENSACIONALES DESTACADOS

- John Nelson Darby, maestro de Biblia británico del siglo XIX, el «padre del dispensacionalismo»
- C. I. Scofield, teólogo estadounidense del siglo XIX
- Más recientemente, John MacArthur, Tim LaHaye, David Jeremiah

EL PACTO ANTIGUO Y EL FUTURO DEL MUNDO

Un día, hace unos cuatro mil años, Dios llamó a una persona que rendía culto a ídolos, que se llamaba Abram, a que hiciera sus maletas, dejara su tierra natal y se dirigiera a una tierra que Dios le revelaría más adelante (Génesis 12:1). Las bendiciones que le esperaban a Abraham y su familia eran increíbles.

- **Descendientes innumerables:** La descendencia de Abraham se multiplicaría hasta llegar a ser una gran nación (Génesis 12:2).
- **Tierra:** Sus descendientes heredarían una tierra específica: la Tierra Prometida (Génesis 13:15).
- **Bendición mundial:** Un descendiente en particular sería el medio por el cual Dios bendeciría al mundo entero (Génesis 18:10, 18).

Abraham siguió el llamado de Dios de ir a la Tierra Prometida, de modo que Dios hizo un pacto con él. La palabra *pacto* se traduce de la palabra hebrea *berit,* que puede provenir de otra palabra hebrea que significa «atar». Los pactos antiguos eran promesas vinculantes que requerían confianza personal entre las partes involucradas.

El pacto de Dios con Abraham desempeña un papel central en el plan de Dios para el mundo. Esas promesas divinas se expanden como una onda sonora a través del resto del relato bíblico. Ese efecto comienza en Génesis y continúa hasta Apocalipsis.

Entonces, ¿qué tiene que ver ese pacto con los últimos días?

¡Todo!

La nación de Israel surgió de las promesas de Dios a Abraham, quien fue el antepasado del pueblo judío. En la profecía del Antiguo Testamento, Israel es central; en cuanto a este punto, los cristianos están de acuerdo. Sin embargo, más allá de este tema en particular, comienzan a surgir las diferencias: ¿Se cumplieron las promesas de Dios a Israel en algún momento del Antiguo Testamento? ¿Se cumplieron las promesas principalmente por medio de un israelita en particular, un descendiente de Abraham conocido como Jesús de Nazaret? ¿Se cumplen las promesas a través de la iglesia hoy en día? ¿Se cumplirán las promesas por medio de la nación de Israel en algún momento del futuro? La forma en que se responda a estas preguntas marca grandes diferencias en cuanto a lo que se espera que suceda en los últimos días.

«Haré de ti una gran nación; te bendeciré y te haré famoso, y serás una bendición para otros. Bendeciré a quienes te bendigan y maldeciré a quienes te traten con desprecio. Todas las familias de la tierra serán bendecidas por medio de ti».

Génesis 12:1-3; ver también
Génesis 13:14-17; 15:1-20; 17:1-8

La Tribulación y el regreso de Jesús

Entonces, ¿qué es exactamente lo que los premilenialistas dispensacionales creen que sucederá cerca de los últimos días? Por supuesto, hay un puñado de diferencias entre las personas que sostienen este punto de vista en cuanto al fin de los tiempos. Sin embargo, la mayoría concuerda en una secuencia similar de acontecimientos que rodean el tiempo de la Tribulación:

- Antes de la Tribulación, la nación de Israel firmará un tratado (el «tratado» de Daniel 9:27) con un líder mundial que es «la bestia», el Anticristo (Apocalipsis 11:7; 13:1-8; 1 Juan 2:18). El Anticristo ayudará a reconstruir el templo de Jerusalén.

- La ratificación de ese tratado dará inicio a la Tribulación, la cual durará siete años. Antes de eso, sin embargo, Dios sacará a su iglesia del mundo por medio del Rapto (1 Tesalonicenses 4:16-17). Los siete años de tribulación son el «septuagésimo siete» que predijo el profeta del Antiguo Testamento Daniel (Daniel 9:24).

- Cerca del comienzo de la Tribulación, Dios designará a 144.000 judíos creyentes en Jesús para proclamar el evangelio. Por medio de su testimonio, muchos confiarán en Jesús (Apocalipsis 7:4-17).

- A la mitad de la Tribulación, el Anticristo quebrantará su tratado con Israel y profanará el templo (Daniel 9:27). Algunos dispensacionalistas creen que el Rapto sucederá alrededor de este tiempo en lugar de colocar el Rapto antes de la Tribulación.

- En los últimos cuarenta y dos meses (tres años y medio) de la Tribulación, la persecución aumentará (Apocalipsis 13:5). Esa es la «Gran Tribulación» que Jesús les describió a sus discípulos en el monte de los Olivos (Mateo 24:21).

- Los ejércitos del mundo se alinearán contra el pueblo judío en un lugar conocido como Armagedón (Apocalipsis 16:16).

- Israel se arrepentirá y reconocerá a Jesús como su Mesías (Oseas 5:15-6:3).

- Jesús regresará a la tierra y derrotará a sus enemigos, atará a Satanás y reinará desde Jerusalén durante mil años de calendario. Al final de ese reinado milenial, Satanás será liberado, derrotado y consignado para siempre al lago de fuego (Apocalipsis 20:7-15).

Es posible que no estés de acuerdo con la perspectiva premilenial dispensacional. Incluso si nunca consideraras pegar una calcomanía que rece «En caso del Rapto, este automóvil quedará desocupado» en el parachoques de tu vehículo, hay mucho que puedes apreciar de este punto de vista acerca de los últimos días. Prácticamente sin excepción, los dispensacionalistas creen que la Biblia constituye la verdad infalible sin ninguna mezcla de error, por lo que se debe estudiar en serio. La mayoría se sienten impulsados a adoptar sus puntos de vista del fin de los tiempos porque, en realidad, quieren confiar en y obedecer lo que dice el texto de las Escrituras.

Este punto de vista acerca de los últimos días enfatiza en la necesidad de mantenernos preparados y proclamar el evangelio *ahora*. A los cristianos podrían retirarlos del mundo en cualquier momento, así que ahora es el momento de preparar nuestros corazones y comunicar el evangelio a las vidas de las personas que nos rodean. Como dijo Pablo: «el "momento preciso" es ahora. Hoy es el día de salvación» (2 Corintios 6:2).

El premilenialismo histórico

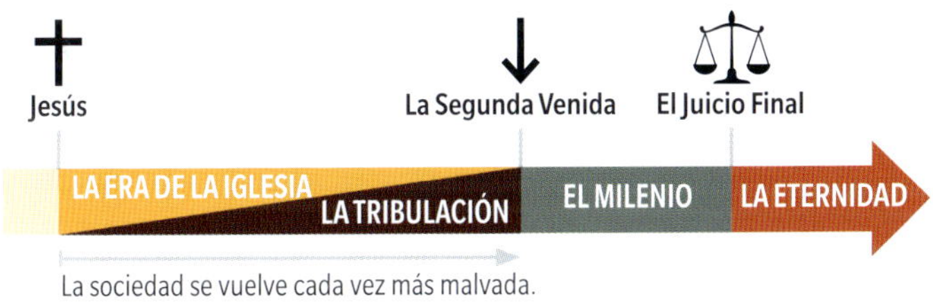

El siguiente punto de vista acerca de los últimos días que veremos también es un punto de vista premilenial. Se llama premilenialismo histórico. Al igual que su variedad dispensacional, este punto de vista enseña que la segunda venida de Cristo ocurrirá antes («pre-») del Milenio. Más allá de eso, es una perspectiva muy diferente en cuanto al fin de los tiempos.

Los dispensacionalistas esperan que la iglesia salga en secreto de la faz del planeta Tierra antes de que las peores pruebas y tribulaciones caigan sobre el mundo, si bien, los premilenialistas históricos esperan que los cristianos sean «arrebatados» (o «raptados», 1 Tesalonicenses 4:16-17) inmediatamente antes de la segunda venida de Cristo a la tierra, cuando establezca su reino milenial. Por lo tanto, la iglesia permanecerá en la tierra durante toda la Tribulación.

Quienes sostienen ese punto de vista señalan que en 2 Tesalonicenses Pablo afirmó que, en la Segunda Venida, Jesús:

- «brindará descanso» a su iglesia (2 Tesalonicenses 1:7);
- destruirá al «hombre de anarquía» (2 Tesalonicenses 2:8);
- aparecerá «desde el cielo. Él vendrá con sus ángeles poderosos, en llamas de fuego» (2 Tesalonicenses 1:7-8); y
- «traerá juicio sobre los que no conocen a Dios y sobre los que se niegan a obedecer la Buena Noticia de nuestro Señor Jesús» (2 Tesalonicenses 1:8).

Pablo no separó el «descanso» que el pueblo de Dios experimentará cuando sean «arrebatados» del juicio que Jesús traerá cuando regrese a la tierra. Por lo visto, Pablo describe que el acontecimiento en que los cristianos serán «arrebatados todos juntos» y el del regreso de

Cristo son dos aspectos de una misma y gloriosa «venida de nuestro Señor Jesucristo» (2 Tesalonicenses 2:1).

El pacto cumplido

Por otro lado, el momento del Rapto no es la única diferencia entre los dos puntos de vista premileniales. La divergencia más profunda tiene que ver con la posición con la que cada grupo ve la relación entre la nación de Israel y la iglesia.

Los dispensacionalistas organizan la obra de Dios en dispensaciones y, en cada dispensación, Dios obra de una manera determinada con un propósito concreto. Las actividades de Dios con Israel y con la iglesia se desarrollan como elementos de dos dispensaciones distintas.

Sin embargo, los premilenialistas históricos creen que el plan de Dios siempre ha sido crear *un* pueblo para su gloria por medio de la muerte y resurrección de Jesús (Efesios 2:15). Toda la obra de Dios con la nación de Israel en el Antiguo Testamento fue una preparación y una imagen de lo que Dios ya se había propuesto hacer por medio de Jesús. El verdadero pueblo de Dios en todas las épocas —ya sea en los tiempos del Antiguo Testamento o del Nuevo Testamento, ya sean judíos o gentiles— han sido quienes viven por fe en Jesús como el Mesías-Rey divino (Hebreos 11:13, 39-40). Dios cumple las promesas que hizo a Israel por medio de Jesús. Durante el reino milenial, Jesús reinará desde Jerusalén, no solo sobre la tierra prometida a Abraham, sino también sobre toda la tierra. El Rey Jesús, el gobernante legítimo de Israel, reinará sobre cada centímetro del territorio que Dios prometió a Israel y sobre mucho más. Por lo tanto, durante el Milenio, Jesús cumplirá por completo todas las promesas de Dios.

Entonces, ¿significa esto que, según los premilenialistas históricos, el pueblo judío ya no tiene un lugar especial en el plan de Dios? ¡Por supuesto que no! La preservación del pueblo judío hasta el presente se ve como una señal milagrosa de la continua presencia de Dios en el mundo. Como ha señalado el novelista Walker Percy: No hay «hititas que caminen por las calles de Nueva York», pero ¡hay millones de descendientes de los antiguos israelitas![2].

Muchos premilenialistas históricos anticipan que, en algún momento antes del regreso de Cristo, habrá un despertar espiritual generalizado entre el pueblo judío. En todo el mundo, los judíos se volverán a Jesús como su Mesías, Salvador y Dios. Eso es lo que Pablo predijo cuando escribió que Israel permanecería resistente al evangelio solo «hasta que se complete el número de gentiles que aceptarán a Cristo» (Romanos 11:25). El enfoque principal de las promesas de Dios no es la tierra física de Israel, sino la persona divina de Jesús, quien reinará sobre la tierra de Israel cuando gobierne sobre toda la tierra desde Jerusalén. Lo que los premilenialistas históricos anticipan para el pueblo judío no es la restauración de la nación moderna de Israel a una porción de tierra en particular, sino que numerosos judíos se vuelvan a Jesús. Debido a esta expectación, hay muchas razones para proclamar la Buena Noticia acerca de Jesús «a los judíos primero» (Romanos 1:16).

La Tribulación

Los premilenialistas históricos creen que la iglesia permanece en la tierra durante la Tribulación. Sin embargo, ¿cuándo comenzará esa Tribulación y cuánto durará?

Algunos entienden que la Tribulación es un período relativamente breve que ocurrirá cerca de los últimos días. Si los cuarenta y dos meses de Apocalipsis 11:2 se refieren al mismo período que los cuarenta y dos meses de Apocalipsis 13:5, la Tribulación durará solo tres años y medio (un período de «cuarenta y dos meses»). Si esos dos períodos son diferentes, el lapso de la tribulación será de siete años (dos períodos de «cuarenta y dos meses»).

Otros entienden que los cuarenta y dos meses son una referencia simbólica extraída de otras imágenes bíblicas: los campamentos de Israel en el desierto (Números 33:5-29) y los meses de sequía durante el ministerio de Elías (Lucas 4:25; Santiago 5:17). Si los meses son simbólicos, la Tribulación podría ser un período muy largo que comenzó en el primer siglo y continúa hasta la segunda venida de Cristo.

Una última observación

Ahora que hemos cubierto los conceptos básicos de este punto de vista acerca de los últimos días, es posible que te quedes con una pregunta inquietante: En todo caso, *¿qué tiene de «histórico» el premilenialismo histórico?* Este punto de vista es la primera forma y más antigua (la «histórica») del premilenialismo. (Otro nombre para el premilenialismo histórico es *quiliasmo*). Las enseñanzas premileniales históricas se pueden encontrar en los escritos de los líderes de la iglesia del primer siglo, como Papías, discípulo del apóstol Juan; Justino Mártir, uno de los primeros apologistas cristianos; Ireneo de Lyon, alumno de Policarpo, quien fue discípulo del apóstol Juan; y Tertuliano, un teólogo norteafricano del siglo II. En sus escritos, parece que ellos sitúan el Milenio después de la resurrección de los muertos y esperan que los cristianos enfrenten el sufrimiento mientras la «bestia», el Anticristo, libra una guerra contra la iglesia de Dios[3].

Ya sea que creas o no que la iglesia sufre la Tribulación, el premilenialismo histórico nos recuerda cómo Dios usa constantemente las pruebas, día a día, para movilizar a su pueblo hacia la madurez:

- Según Pablo, los cristianos no deben simplemente tolerar las tribulaciones de esta vida, sino que también deben ver esas pruebas como oportunidades para que Dios purifique y transforme a su pueblo (Romanos 5:3-5; 12:12; 2 Corintios 6:4-5).

- Bernabé y Pablo testificaron juntos que solo a través de muchas tribulaciones es que entramos en el reino de Dios (Hechos 14:22). Pablo incluso declaró que los cristianos están «destinados» a la Tribulación (1 Tesalonicenses 3:3).

- Jesús predijo que los creyentes sufrirían tiempos de tristeza y dolor (Juan 16:21-22), y dejó claro que sus seguidores estarían «en el mundo» y enfrentarían problemas (Juan 16:33).

Todos los cristianos pueden estar de acuerdo en que, incluso en tiempos de sufrimiento, pruebas y tribulaciones, cuandoquiera que sucedan y por mucho tiempo que duren, Dios preservará y protegerá fielmente las almas de quienes verdaderamente le pertenecen.

PREMILENIALISTAS HISTÓRICOS DESTACADOS

- Charles Spurgeon, predicador del siglo XIX
- Carl F. H. Henry, teólogo estadounidense del siglo XX
- Más recientemente, Russell Moore, D. A. Carson, John Piper

Amilenialismo

En el término *amilenial*, el prefijo «a-» significa «no», lo cual sugiere que los amilenialistas podrían no creer en un milenio en absoluto. Eso es lamentable porque los amilenialistas de hecho creen en un reinado milenial muy real. La diferencia es simplemente que, en tanto que los otros tres puntos de vista acerca de los últimos días ven el Milenio como un acontecimiento terrenal que aún está por venir, los amilenialistas ven el reino milenial como una realidad espiritual presente. En otras palabras, el Milenio simboliza el reinado presente y continuo de Jesús con su pueblo. Es un reinado espiritual que se extiende desde el primer siglo, cuando Jesús obtuvo la victoria sobre Satanás, hasta el glorioso regreso de Jesús al fin de los tiempos. Desde este punto de vista, el reino milenial, la era de la iglesia y la Tribulación ocurren al mismo tiempo.

Mil años

*«Pero espera, —*podrías pensar*—, ¿cómo puede el milenio ser una realidad presente que comenzó cuando Jesús ascendió al cielo, cuando ya han pasado casi dos mil años desde entonces?».* Desde el punto de vista amilenialista, los números del libro de Apocalipsis son símbolos, no datos cuantitativos. Por lo tanto, los mil años del Milenio nunca tuvieron la intención de describir un lapso de tiempo literal y específico. Más bien, la frase «mil años» de Apocalipsis simboliza la gran duración y la gloriosa magnitud del reinado actual del Mesías en los cielos. (Ver Ezequiel 47:3-5 para tener un ejemplo de una profecía en la que se usa «mil» para simbolizar una gran magnitud).

Tribulaciones

Por medio de la Cruz y la tumba vacía, Jesús ya ha despojado a Satanás de su poder, con todo, el cumplimiento de su reinado aún no se ha alcanzado plenamente. Dentro de los propósitos y planes soberanos de Dios, el poder de Satanás se restringe, pero no se destruye. Es por eso que el sufrimiento y la tristeza han ocurrido y seguirán ocurriendo a lo largo del tiempo entre el triunfo de Jesús en la Cruz y su glorioso regreso en el futuro. El reino de Dios está presente aquí y ahora, pero el dolor y la tristeza continúan. Junto con el crecimiento y la expansión del reino de Dios, persiste un reino de tinieblas, aunque rumbo hacia su derrota final.

Así es como los amilenialistas ven que se desarrolla el futuro:

- En este momento, Jesús reina con sus santos en un reino milenial celestial, incluso cuando la Tribulación sigue afligiendo a la tierra (Colosenses 1:13; Apocalipsis 20:2-6).
- Cerca de los últimos días, a Satanás se le permitirá, por un corto tiempo, volver a engañar a las naciones (Apocalipsis 20:7-8).
- En la Segunda Venida, Jesús llamará a todos los cristianos, vivos o muertos, a encontrarse con él en las nubes (1 Tesalonicenses 4:16-17). Entonces, Jesús se revelará inmediatamente en la tierra y destruirá toda resistencia diabólica a su reinado. Todo el mundo verá que se ha derrotado a Satanás. Jesús juzgará a la humanidad y destinará para «destrucción eterna» a cualquiera que no haya confesado a Jesús como Señor (2 Tesalonicenses 1:7-10).
- Después del juicio final, Dios volverá a crear el cielo y la tierra. Su ciudad santa descenderá del cielo a la tierra (Isaías 65:17; 66:22; Apocalipsis 21:1-8).

Judíos y gentiles por igual conforman la iglesia. Sin embargo, las promesas de tierra que Abraham e Israel recibieron no ocupan un lugar destacado en este punto de vista acerca de los últimos días. Eso se debe a que, según este punto de vista, Dios ya cumplió sus promesas de tierra a Israel (Josué 21:43; 23:14; 1 Reyes 4:20-21; 8:56).

Es posible que no aceptes el amilenialismo como el mejor punto de vista acerca de los últimos días. Si es así, ¡no hay ningún problema en ello! Incluso, si te parece más convincente algún otro punto de vista acerca de los últimos días, el amilenialismo les recuerda a los cristianos un tema importante de la Biblia: *Jesús ya ganó*. Por cierto, todavía hay pruebas y tribulaciones. Sin embargo, por medio de su vida perfecta, su muerte sacrificial y su gloriosa resurrección, Jesús ha destrozado el poder de Satanás y ganó un reino permanente para la gloria de Dios. La victoria final es solo cuestión de tiempo.

AMILENIALISTAS DESTACADOS

- Agustín de Hipona, padre de la iglesia del siglo V
- Martín Lutero y Juan Calvino, reformadores del siglo XVI
- Más recientemente, J. I. Packer, Herschel Hobbs, Kim Riddlebarger

Posmilenialismo

Este punto de vista acerca de los últimos días se llama posmilenialismo porque según este punto de vista Cristo regresará a la tierra después («pos-») del Milenio.

El evangelio y el reino

Según los posmilenialistas, llegará un momento en el que la aceptación mundial del evangelio marcará el comienzo del reino milenial. Una enorme cantidad de personas de todo el mundo confiarán en Jesús durante ese tiempo. La gran mayoría de los gentiles acudirán a Jesús, y el pueblo judío en particular lo reconocerá como su Mesías tan esperado (Romanos 11:13-25). Países y civilizaciones enteras cambiarán a medida que sus ciudadanos y sus líderes acepten la Buena Noticia del evangelio. Se refrenará a Satanás, la guerra dará paso a la paz y los santos de Dios gobernarán las naciones (Apocalipsis 20:2-6).

Jesús declaró que el reino de Dios era como una pequeña semilla que se convertía en un árbol grande o como una pequeña cantidad de levadura que afectaba a la masa (Mateo 13:31-33). Lo que eso les sugiere a los posmilenialistas es que el reino milenial surgirá poco a poco y, luego, se expandirá para llenar el mundo entero.

Ese Milenio puede durar exactamente mil años; por otro lado, mil años pueden simbolizar una era prolongada de paz promovida por el evangelio. En cualquier caso, Jesús no estará físicamente presente en la tierra durante el Milenio. Más bien, reinará espiritualmente por medio del poder y la proclamación del evangelio.

Al final de ese período glorioso, Dios permitirá que Satanás engañe a las naciones por un tiempo muy breve (Apocalipsis 20:7-9). Cuando los ejércitos de la tierra, inspirados por Satanás, se hayan alineado contra el reino de Dios, Jesús regresará finalmente a la tierra para derrotar a Satanás de una vez por todas (Apocalipsis 20:10-15). (Los posmilenialistas interpretan la «primera resurrección» de Apocalipsis 20:5 como la regeneración espiritual que ocurre en la vida de cada seguidor de Jesús, no como una restauración física de entre los muertos; ver Efesios 2:6).

La Gran Tribulación

Si todo está mejorando, ¿dónde encajan, pues, las realidades del sufrimiento, las pruebas y la tribulación en una visión tan optimista de los últimos días? Después de todo, el libro del Apocalipsis contiene muchas visiones sobre desastres y violencia en el mundo. En el capítulo 7, Juan ve a una gran multitud de personas vestidas con ropa blanca que «murieron en la gran tribulación» (versículos 9 y 14). Jesús también les advirtió a sus discípulos en el monte de los Olivos que vendrían días en los que habría «más angustia en esos días que en cualquier otro momento desde que Dios creó al mundo. Y jamás habrá una angustia tan grande» (Marcos 13:19). Los posmilenialistas no están en desacuerdo con eso. Ven un tiempo de gran tribulación que sucede antes de la llegada del reino milenial, pero difieren exactamente tocante a cuándo y cómo sucede eso.

Algunos creen que una parte (o tal vez incluso la totalidad) de la Gran Tribulación ocurrió en el primer siglo, ya fuera alrededor de la época de la ascensión de Jesús al cielo o unas décadas más adelante, cuando el ejército romano destruyó el templo de los judíos en Jerusalén en el año 70 d. C. Si la guerra de los judíos contra los romanos, que duró a partir del año 66 d. C. hasta alrededor del 73 d. C., fue la Gran Tribulación, el amanecer del reino milenial hubiera comenzado en el primer siglo y ha seguido expandiéndose continuamente con la predicación del evangelio. Así seguirá hasta que la Buena Noticia de Jesús llene toda la tierra.

Otros posmilenialistas adoptan una perspectiva diferente y consideran la Gran Tribulación ya sea algo que ocurre hoy en una medida u otra o tal vez un acontecimiento que ocurrirá en el futuro. Cuando esa Gran Tribulación termine, el reino milenial comenzará.

La Iglesia y las promesas de Dios

En el punto de vista posmilenial no se hace énfasis en la nación de Israel. Eso se debe a que la mayoría de quienes sostienen ese punto de vista entienden que las promesas que Dios le hizo a Israel en el Antiguo Testamento ya se cumplieron o se están cumpliendo en la actualidad a través de la iglesia. Ellos ven una continuidad del pacto entre Israel y la iglesia.

Siguen a continuación algunas formas en las que los posmilenialistas podrían entender algunos pasajes clave de las Escrituras:

- En su carta a los Gálatas, Pablo enfatiza que Jesucristo es el único «descendiente» o único «hijo» de Abraham, el israelita perfecto que guarda el pacto (Gálatas 3:7-9, 13-14, 16). La fe en Jesús es lo que une a judíos y gentiles para heredar las promesas que se le dieron a Abraham.

- Tanto en el Antiguo como en el Nuevo Testamento, la salvación llegó a través de la fe en Jesús como Señor y Mesías. Los creyentes del Antiguo Testamento esperaban al Mesías con fe expectante (Hebreos 11:13, 39-40); por su parte, los creyentes del Nuevo Testamento miran hacia atrás a Jesucristo. Dios siempre ha tenido un plan con un solo pueblo. Solo hay un pacto de gracia, el cual se extiende desde Adán y Eva en el jardín de Edén hasta el triunfo de Jesucristo en los últimos días.

¿Y qué hay de la tierra que se le prometió a Abraham?

- Algunos posmilenialistas creen que la promesa acerca de la tierra ya se ha cumplido con el establecimiento de Israel en la región de Canaán por medio de la conquista de Josué (Josué 11:23; 21:43-45; Nehemías 9:22-25) o posiblemente más adelante en la historia de Israel durante el reinado del rey Salomón (1 Reyes 4:21; 5:4). De ser así, no es necesario un Milenio terrenal literal para que Dios cumpla su palabra a Israel.

- Otros creen que la promesa de Dios era condicional, por lo que los descendientes de Abraham perdieron la promesa al rebelarse contra Dios y rechazar a su Mesías, Jesucristo (Mateo 21:43).

- Algunos afirman que la obra y el crecimiento de la iglesia es un cumplimiento continuo de las promesas de Dios a Abraham e Israel en el Antiguo Testamento, ya que Dios reina sobre un número cada vez mayor de personas a través del evangelio. (Ver la referencia de Pablo a los seguidores de Jesús como «el Israel de Dios» en Gálatas 6:16, NVI).

El posmilenialismo es claramente una perspectiva acerca de los últimos días que destaca el poder del evangelio. Ese énfasis en el evangelio debería recordarle a cada cristiano que debe ser entusiasta en cuanto a cómo la Buena Noticia de Jesús puede transformar las vidas de las personas.

Independientemente de cuál sea tu punto de vista en cuanto al fin de los tiempos, es posible adoptar la creencia de que el evangelio, en realidad, puede cambiar comunidades enteras, culturas e incluso el mundo. En ese sentido, el evangelio es mucho más que la declaración inicial que ayuda a alguien a entender cómo confesar a Jesús como el Señor resucitado. ¡Aunque esas declaraciones son definitivamente importantes! También es un recordatorio constante de que, en cada momento de nuestras vidas, necesitamos urgentemente lo que Dios ha provisto en el Cristo crucificado y resucitado. Cualesquiera que sean los problemas que enfrentemos, cualesquiera que sean las tribulaciones que se nos interpongan, el evangelio forma el fundamento de la solución de Dios. Ese es el verdadero poder del evangelio. Además, sin importar si eres o no posmilenialista, eso es una buena noticia.

POSMILENIALISTAS DESTACADOS

- Jonathan Edwards, predicador del Gran Despertar del siglo XVIII
- B. B. Warfield, teólogo estadounidense del siglo XIX
- Más recientemente, Loraine Boettner, R. C. Sproul, R. J. Rushdoony

PREMILENIALISMO DISPENSACIONAL	
¿Cuándo regresará Jesús?	Jesús regresará antes de la Tribulación.
¿Qué es la Tribulación?	La Tribulación es un período de siete años de sufrimiento mundial. La iglesia será arrebatada del mundo, ya sea antes de la Tribulación o a mitad de la Tribulación.
¿Qué es el Milenio?	El Milenio es un reinado literal de mil años de Cristo, desde Jerusalén, el cual comenzará después de la Tribulación.

PREMILENIALISMO HISTÓRICO	
¿Cuándo regresará Jesús?	Jesús regresará después de la Tribulación y antes del Milenio.
¿Qué es la Tribulación?	La Tribulación será un tiempo de opresión severa antes del regreso de Jesús, la cual durará tres años y medio o siete años, o bien la Tribulación ha sido una realidad presente desde el primer siglo después de Cristo.
¿Qué es el Milenio?	El Milenio es el reinado de Jesús desde Jerusalén sobre toda la tierra durante mil años, el cual cumple las promesas de Dios a Israel.

AMILENIALISMO	
¿Cuándo regresará Jesús?	Jesús podría regresar en cualquier momento.
¿Qué es la Tribulación?	La Tribulación ocurre cada vez que los cristianos sufren persecución y siempre que ocurren guerras y desastres. Los cristianos sufrirán tribulaciones hasta que Jesús regrese.
¿Qué es el Milenio?	El Milenio es el presente reinado espiritual de Jesús con su pueblo. Comenzó desde los tiempos de Cristo en el primer siglo hasta el día de hoy; continuará así hasta que Jesús regrese.

POSMILENIALISMO	
¿Cuándo regresará Jesús?	Jesús regresará después del Milenio, cuando el poder del evangelio haya llegado a todo el mundo.
¿Qué es la Tribulación?	(1) La Tribulación fueron las guerras y la violencia que experimentó la gente en el Israel del primer siglo; o bien, (2) la Tribulación ocurre en la actualidad cuando las personas se oponen al evangelio y persiguen a los cristianos.
¿Qué es el Milenio?	(1) El Milenio será un período de mil años de paz promovida por el evangelio en el futuro; o (2) el Milenio es una realidad presente y «mil» simboliza un período prolongado de tiempo.

CAPÍTULO 3

¿De qué trata el libro del Apocalipsis?

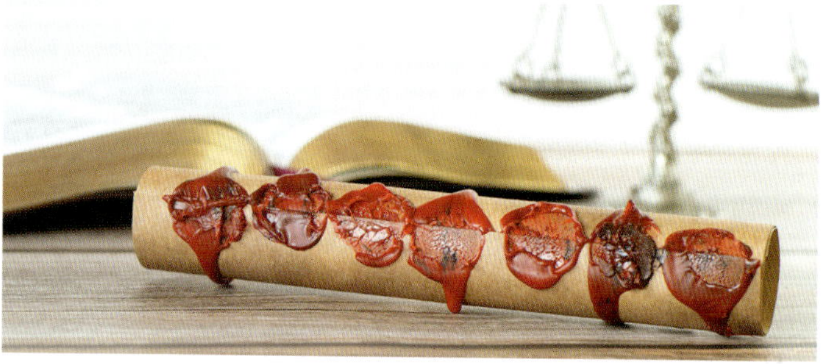

Incluso sin haber leído todos los libros de la Biblia, una cosa queda muy clara cuando abres tu Biblia en el libro del Apocalipsis: es muy diferente a los demás.

El libro del Apocalipsis se refiere a acontecimientos y lugares históricos, como Babilonia y el templo de Jerusalén, pero no de la misma manera en que lo hacen los libros históricos como los Evangelios o el libro de los Hechos.

Apocalipsis comienza con siete cartas a siete iglesias del Asia Menor, pero esas cartas de la mano del apóstol Juan no se parecen en nada a las epístolas que Pablo o Pedro enviaron a iglesias. Por cierto, ¡ni siquiera se parecen a las otras tres cartas de Juan en el Nuevo Testamento!

Entonces, ¿por qué es Apocalipsis tan diferente? En parte, porque su autor utilizó un antiguo género literario conocido como literatura apocalíptica. Esos escritos están llenos de visiones que revelan verdades que han permanecido en secreto, con lenguaje figurado, para brindar seguridad al pueblo de Dios durante épocas de sufrimiento y persecución. Ese estilo de escritura expresa tanto esperanza como lamento: esperanza en el gobierno soberano de Dios sobre su mundo y lamento por las muchas formas en que el pecado distorsiona el buen diseño de Dios para su mundo.

LA LITERATURA APOCALÍPTICA:

Procede de la palabra griega *apokálupsis*, que significa «revelación» o «desvelamiento». Este género de la antigua literatura judía se presenta en forma de visiones que revelan, en sentido figurado, verdades que han permanecido en secreto. El término *apokálupsis* también resulta ser la primera palabra del texto griego del libro del Apocalipsis.

Uno de los mejores ejemplos de escritos apocalípticos del Antiguo Testamento se encuentra en el libro de Daniel. En los capítulos 7 al 12, el profeta Daniel recibe una serie de visiones fascinantes.

Muchos eruditos de la Biblia ven paralelos significativos entre los libros de Daniel y Apocalipsis.

DANIEL	APOCALIPSIS
Un cuerno pequeño con ojos humanos y una boca que habla con arrogancia (7:8)	Una bestia de diez cuernos que habla grandes blasfemias (13:1, 5-6; también 12:3; 17:3)
El cuerno pequeño que hace guerra contra el pueblo santo (7:21)	Una bestia de diez cuernos que hace guerra contra el pueblo santo de Dios (13:7)
Bestias del mar que se asemejan a un león, un oso y un leopardo (7:4-6)	Una bestia del mar que parece un leopardo con patas de un oso y boca de un león (13:2)
«Alguien parecido a un hijo de hombre» que desciende con las nubes del cielo (7:13)	Sentado en una nube blanca, «alguien parecido al Hijo del Hombre» con una corona de oro y una hoz para segar la tierra (14:14)

La bestia del mar (Libro de los milagros de Augsburgo, c. 1552)

Los siete «sietes» de Apocalipsis

Antes de adentrarnos más en el camino de entender lo que podrían significar las visiones descabelladas de Apocalipsis, en primer lugar, hagamos un recorrido rápido a través de los siete «sietes» que le dan al libro su estructura interna. Apocalipsis cuenta con siete ciclos, cada uno de los cuales consta de siete elementos.

1 Las siete iglesias

APOCALIPSIS 1:1–3:22

Juan tiene una visión del Cristo resucitado, vestido de gloria y majestad en el cielo. Él instruye a Juan a que escriba siete mensajes a siete iglesias, todas ellas ubicadas en ciudades del Asia Menor (en la actual Turquía). Esas cartas no solo contienen exhortaciones a las iglesias para que se arrepientan, sino también desafíos para que «retengan con firmeza» lo que tienen y permanezcan fuertes.

2 Los siete sellos

APOCALIPSIS 4:1–8:5

A continuación, Juan ve un rollo con siete sellos. A medida que se abren los sellos, Juan mira cuatro caballos (blanco, rojo, negro y verde pálido) cuyos jinetes ocasionan gran agitación en la tierra. Juan también ve a 144.000 siervos de Dios sellados con protección divina, así como a una gran multitud vestida con túnicas blancas.

3 Las siete trompetas

APOCALIPSIS 8:6–11:19

Cuando se tocan las siete trompetas, se desatan desastres naturales sobre el mundo: granizo, fuego, langostas, estrellas que caen, el sol y la luna se oscurecen. El ángel le habla a Juan acerca de dos testigos de Dios que sufrirán la muerte por medio del martirio por mano de una «bestia que sube del abismo», pero resucitarán después.

4 Las siete historias

APOCALIPSIS 12:1–14:20

A continuación, el enfoque pasa del juicio a varias escenas increíbles que se desarrollan con una variedad de personajes. Esas historias incluyen a una mujer embarazada «vestida del sol», a quien persigue un dragón. Sin embargo, el dragón es «lanzado a la tierra». También hay dos bestias, una del mar y otra de la tierra. Juntas engañan al mundo y obligan a todos a recibir una marca, la cual es el nombre o número de la bestia: 666. Después Juan ve al Cordero de pie en el monte Sion, con 144.000 personas rescatadas de la tierra. Finalmente, Juan ve a «alguien parecido al Hijo del Hombre» que cosechaba la tierra.

5

Las siete copas del juicio

APOCALIPSIS 15:1-16:21

Siete ángeles derraman siete copas llenas de la ira de Dios contra sus enemigos y los enemigos de su pueblo. Esas plagas incluyen llagas malignas, agua que se convierte en sangre, oscuridad, sequía y espíritus demoníacos que reúnen a los reyes de la tierra para una batalla en Armagedón.

6

Los siete mensajes de juicio

APOCALIPSIS 17:1-19:10

Más juicios llegan en forma de siete anuncios que describen la fuerza de Dios contra el mal. Juan ve a una prostituta sentada sobre una bestia de color escarlata. La mujer representa a la gran y malvada ciudad de Babilonia. Cuando Babilonia cae, los comerciantes del mundo y capitanes de barcos mercantes gimen, si bien, la multitud en el cielo se regocija.

7

Las siete visiones

APOCALIPSIS 19:11-22:21

En las visiones finales de Juan, él es testigo de poderosas demostraciones de la salvación, el juicio y la autoridad de Dios sobre toda la tierra. Esas visiones incluyen: un jinete sobre un caballo blanco, un gran banquete celestial, un reinado de mil años (el Milenio), tronos de juicio y el lanzamiento de Satanás al lago de fuego, así como un cielo nuevo y una tierra nueva y una nueva Jerusalén que desciende del cielo.

Cuatro maneras de leer Apocalipsis

Entonces, ¿a qué conclusiones podemos llegar a partir de todas esas extrañas y asombrosas visiones? ¿Qué significan?

La forma en que interpretamos las visiones de Apocalipsis tiene mucho que ver con la forma en que nos acercamos a los textos apocalípticos. En otras palabras, *lo que* creemos que estamos leyendo influye en *cómo* lo leemos. Considera lo siguiente: es probable que abordes los artículos de tu periódico local de manera muy distinta que una novela clásica larga. Esperas que el periódico te informe de forma rápida sobre los acontecimientos actuales, en tanto que, de una buena novela, esperas que suscite preguntas en lo profundo de tu alma por medio de una historia imaginaria.

Cuando se trata de la literatura apocalíptica bíblica, ocurre lo mismo. La forma en que leas esos escritos depende tanto de lo que crees que lees como de lo que esperas que esos textos hagan.

- Si tomas el libro del Apocalipsis principalmente como un libro de predicciones de acontecimientos que aún están por venir, buscarás en el texto pistas sobre lo que podría suceder en el futuro.

- Por otro lado, si ves Apocalipsis principalmente como una ilustración elaborada de las pruebas que los cristianos enfrentan en todas las épocas, es probable que busques conexiones entre tus luchas presentes y las tentaciones de los creyentes del pasado.
- Si tomas el libro como una perspectiva que se centra en Dios acerca de los eventos históricos que ocurrían en el momento en que Juan lo escribió, dedicarás tu tiempo en busca de indicios de los acontecimientos del primer siglo.

Con eso en mente, echemos un vistazo a las cuatro formas principales en que los cristianos abordan el libro del Apocalipsis, junto con algunos ejemplos de lo que cada enfoque obtiene de ese texto inspirado.

El punto de vista futurista

Si ves Apocalipsis (y otras partes apocalípticas de la Biblia) principalmente como un mapa de carreteras o un GPS que te dice lo que sucederá en el camino que tienes por delante con suficiente anticipación, probablemente adoptas lo que se conoce como el *punto de vista futurista*. Ese enfoque trata las escenas de Apocalipsis como profecías predictivas acerca de acontecimientos que, incluso ahora, todavía no han ocurrido. El énfasis del punto de vista futurista está en los acontecimientos que tendrán lugar cerca de los últimos días. Leer Apocalipsis de esa manera puede ayudarnos a mirar diligentemente hacia el futuro y a estar preparados para los acontecimientos que conducirán a la segunda venida de Cristo.

Apocalipsis es como un mapa hacia el futuro.

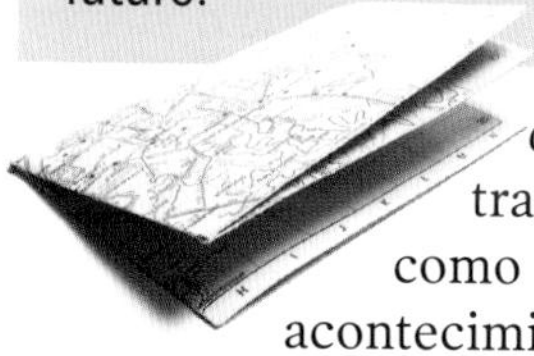

Los premilenialistas tienden a ver la mayor parte de Apocalipsis desde este punto de vista futurista. Los juicios y los acontecimientos mundiales de Apocalipsis 4–19 se entienden como sucesos que han de ocurrir en el futuro, antes o durante la Tribulación, la cual durará siete años. Casi todos los puntos de vista acerca de los últimos días ven Apocalipsis, al menos *en parte*, como una descripción del futuro.

A continuación, algunos ejemplos de la lectura de Apocalipsis desde ese punto de vista:

- En Apocalipsis 7 y 14, se entiende que las 144.000 personas son creyentes judíos: 12.000 hombres vírgenes de cada tribu de Israel, elegidos para ser testigos durante los primeros cuarenta y dos meses de la Tribulación de siete años. Ellos llegarán a ser creyentes durante esa mitad de la tribulación, serán «marcados con el sello de Dios» y serán enviados como evangelizadores. Hacia la mitad de la Tribulación, los asesinarán por causa de su fe[4].

- En Apocalipsis 12, en la historia de la mujer embarazada a quien el dragón de diez cuernos persigue, la mujer representa a la nación de Israel. El dragón es Satanás, quien será lanzado a la tierra para que reemprenda su persecución contra el moderno estado de Israel durante la Tribulación, la cual durará siete años: «Este gran dragón —la serpiente antigua llamada diablo o Satanás, el que engaña al mundo entero— fue lanzado a la tierra» (Apocalipsis 12:9).

- En Apocalipsis 13, el dragón (Satanás) le da poder a la bestia del mar, por su parte, la bestia de la tierra realiza grandes señales que hacen que la gente rinda culto a la bestia del mar. La bestia del mar representa al Anticristo, un futuro líder mundial durante la Gran Tribulación, que contará con la lealtad de muchos. La bestia de la tierra es el falso profeta, una figura religiosa que llevará a muchos a inclinarse ante el Anticristo, a la vez que los instará a recibir la marca de la bestia (666).

¿QUIÉN ES EL ANTICRISTO?

¿Sabías que el término *Anticristo* nunca aparece en el libro del Apocalipsis? Sin embargo, Juan sí empleó ese término en sus otros escritos, en las epístolas de 1 y 2 Juan:

> *Ustedes han oído que el Anticristo viene, y ya han surgido muchos anticristos. [...] ¿Y quién es un mentiroso? El que dice que Jesús no es el Cristo. El que niega al Padre y al Hijo es un anticristo.* (1 Juan 2:18-22; también 2 Juan 1:7)

> *Si alguien afirma ser profeta y no reconoce la verdad acerca de Jesús, aquella persona no es de Dios. Tal persona tiene el espíritu del Anticristo, del cual ustedes oyeron que viene al mundo, y de hecho, ya está aquí.* (1 Juan 4:3)

En ese sentido de la palabra, hubo (y hay) muchos anticristos porque el anticristo es cualquier persona y cualquier idea que se oponga a las verdades esenciales acerca de Jesucristo.

El apóstol Pablo no usa la palabra *anticristo* en sus escritos, pero sí describe a un «hombre de anarquía» que será revelado antes de la Segunda Venida. Muchos lectores de la Biblia identifican a ese hombre anónimo como el Anticristo. Pablo escribe que la Segunda Venida no sucederá

> *hasta que haya una gran rebelión contra Dios y se dé a conocer el hombre de anarquía, aquel que trae destrucción. Se exaltará a sí mismo y*

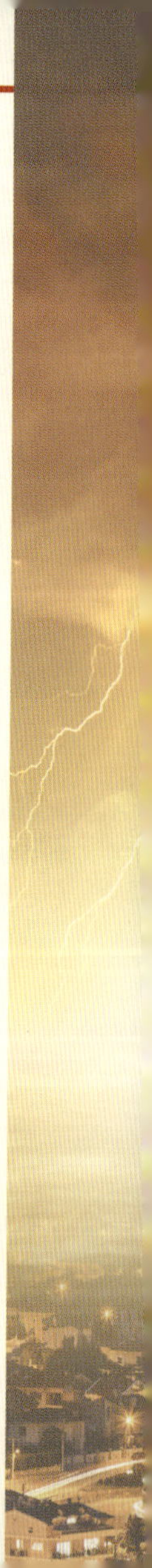

> *se opondrá a todo lo que la gente llame «dios» y a cada objeto de culto. Incluso se sentará en el templo de Dios y afirmará que él mismo es Dios.* (2 Tesalonicenses 2:3-4)

Pablo continúa y explica que

> *el hombre de anarquía será dado a conocer, pero el Señor Jesús lo matará con el soplo de su boca y lo destruirá con el esplendor de su venida. Ese hombre vendrá a hacer la obra de Satanás con poder, señales y milagros falsos. Se valdrá de toda clase de mentiras malignas para engañar a los que van rumbo a la destrucción. (2 Tesalonicenses 2:8-10)*

Con frecuencia se piensa que la bestia del mar de Apocalipsis 13 es el Anticristo o el hombre de anarquía de los escritos de Pablo. En la visión de Juan, esa bestia tiene una herida mortal que se cura milagrosamente. El número de la bestia es «el número de un hombre. Su número es 666». La bestia marca a los habitantes de la tierra en la mano derecha y en la frente con su número (Apocalipsis 13:12-18).

Ese número ha dado lugar a todo tipo de especulaciones en cuanto a la identidad del Anticristo a lo largo de la historia. En retrospectiva, muchas de esas suposiciones pueden parecer ridículas, por lo que esa debería ser una razón más para que hoy seamos muy cautelosos al afirmar que sabemos quién es el Anticristo.

Entre algunos candidatos propuestos para el Anticristo han estado:

- El emperador romano Nerón: Persiguió a los cristianos, y cuando el nombre «Nerón César» en griego se translitera a letras hebreas, los valores numéricos de las letras hebreas suman 666. (Las letras hebreas también se usaban como números).
- Napoleón Bonaparte: En la novela *Guerra y paz,* uno de los personajes convierte el nombre francés *L'Empereur Napoleon* en una serie de números que suman 666.
- Mijaíl Gorbachov: Fue un líder soviético con una misteriosa marca de nacimiento en la cabeza.
- Ronald Wilson Reagan: Su primer nombre, segundo nombre y apellido tenían seis letras cada uno. Además, se recuperó de una herida de bala que parecía mortal.

El punto de vista historicista

Si crees que los textos apocalípticos proporcionan información de manera profética acerca de un largo período de la historia, tal vez de toda la historia cristiana o de alguna otra época significativa, entonces lees Apocalipsis desde un enfoque *historicista.*

Apocalipsis es como un libro de texto acerca del pasado, el presente y el futuro.

El punto de vista historicista trata los escritos apocalípticos como relatos simbólicos de ciertas épocas de la historia. El Apocalipsis utiliza un lenguaje espléndido y visiones elaboradas para contar la historia del cristianismo, el ascenso y la caída del Imperio romano o tal vez otra serie de acontecimientos de la historia de la humanidad desde la época de Cristo. Por lo tanto, las visiones de Juan hablaban de hechos que eran futuros para él y que son pasados (o en su mayoría pasados) para nosotros hoy. Leer el libro del Apocalipsis desde ese punto de vista puede ayudarnos a entender mejor la perspectiva de Dios en cuanto a los acontecimientos de la historia humana.

Algunos premilenialistas ven las cartas a las siete iglesias que se encuentran al inicio de Apocalipsis como representaciones de etapas consecutivas de la historia de la iglesia.

A continuación, algunos ejemplos de cómo alguien que lee desde la perspectiva historicista podría interpretar algunas partes del libro del Apocalipsis:

- Las siete iglesias de Apocalipsis 1–3 representan siete eras de la historia de la iglesia. Esas cartas cuentan cronológicamente la historia del cristianismo, de manera simbólica, a través de siete épocas.
- Los siete sellos de Apocalipsis 6 pueden ser las etapas de la historia de la iglesia desde finales del primer siglo hasta finales del séptimo siglo. Las siete trompetas del capítulo 8 son las etapas de la iglesia desde aproximadamente el año 400 hasta el siglo XV o hasta el presente.

El punto de vista idealista

Si todas las visiones te parecen descripciones simbólicas de las luchas que enfrenta el pueblo de Dios en cada época, podrías estar viendo Apocalipsis desde una perspectiva *idealista.*

Apocalipsis es una brújula que dirige nuestra atención a la soberanía de Dios en todo tiempo y lugar.

Según este punto de vista, Apocalipsis es como un drama con personajes y acontecimientos que son expresiones simbólicas de la lucha entre el bien y el mal que ocurre en cualquier momento. Las visiones son, por lo tanto, expresiones vívidas del conflicto continuo entre el reino de Dios y los poderes del mal. La lectura de Apocalipsis desde un enfoque idealista se centra en entender la perspectiva de Dios en cuanto a la lucha entre el bien y el mal que existe en nuestro mundo hoy en día.

Muchos premilenialistas históricos, amilenialistas y posmilenialistas incluyen aspectos del punto de vista idealista en sus interpretaciones de Apocalipsis.

A continuación, se presenta cómo alguien que lee desde una perspectiva idealista podría interpretar partes de Apocalipsis:

- Las siete iglesias mencionadas en los primeros capítulos simbolizan tipos de iglesias —con sus diversas fallas, fortalezas y esperanzas— que se pueden encontrar en todas las épocas a lo largo de la historia y también en la actualidad.

- La multitud de Apocalipsis 7 y 14 no son literalmente 144.000 creyentes judíos de las tribus de Israel. Simboliza más bien a todos los seguidores de Jesús en la tierra que sufren persecución. (Ver Santiago 1:1 y Gálatas 6:16 donde se habla de los cristianos como «las doce tribus» y «el Israel de Dios»).

- La mujer embarazada de Apocalipsis 12 representa a todos los fieles; su hijo es Cristo, y el dragón es Satanás, el perseguidor de la iglesia a través de los siglos. El gran dragón Satanás fue «lanzado a la tierra» por medio de la muerte sacrificial y victoriosa de Cristo y su resurrección (Apocalipsis 12:9; Juan 12:31-33; 16:11).

- En Apocalipsis 13, la bestia del mar representa no a un futuro Anticristo, sino a los gobernantes y reinos malvados de todas las épocas, los cuales intentan pervertir los planes de Dios y perseguir al pueblo de Dios al exigir lealtad absoluta. Los cuarenta y dos meses en los que la bestia ejerce su poder no son un período de tiempo literal, sino que simbolizan cualquier período de tribulación, como la que ha ocurrido desde la resurrección de Jesús y continuará hasta que él regrese.

El punto de vista preterista

Si ves la literatura apocalíptica de la Biblia como escritos que, en su mayoría, narran acontecimientos que rodean el período en el que se escribieron los textos, esa es una perspectiva *preterista*. La palabra *preterista* proviene del latín *praeteritus*, que significa «pasado» o «antiguo».

Apocalipsis es como un periódico del pasado que se extravió hace mucho tiempo.

Según ese punto de vista, la mayoría o todos los acontecimientos de Apocalipsis ya habían sucedido alrededor del tiempo en que Juan tuvo sus visiones celestiales o unas décadas antes. Los eruditos de la Biblia, por lo general, están de acuerdo en que el apóstol Juan escribió Apocalipsis, sin embargo, no coinciden en cuanto a cuándo precisar la fecha en que lo escribió. Han propuesto dos opciones principales, ya sea durante el reinado del emperador romano Nerón (54–58 d. C.) o el del emperador Domiciano (81–96 d. C.). Ambos emperadores fueron conocidos por perseguir a los cristianos. En el año 70 d. C., durante la guerra judeo-romana, el ejército romano destruyó el templo judío de Jerusalén. En la perspectiva preterista, las visiones de Apocalipsis reflejan los acontecimientos que rodearon la caída de Jerusalén, la destrucción del templo, las persecuciones de los cristianos y otras atrocidades del primer siglo.

Emperador Nerón

La lectura de Apocalipsis desde un punto de vista preterista nos llama a comprender la perspectiva de Dios en cuanto a los acontecimientos que muchos de los primeros seguidores de Jesús sufrieron, los cuales Jesús describió y para los que advirtió a sus seguidores que estuvieran preparados. Los premilenialistas históricos, los amilenialistas y los posmilenialistas, a veces, son «preteristas parciales» también. Eso significa que ven gran parte de Apocalipsis como cumplida en el primer siglo, en tanto que aún reconocen que los capítulos finales no se cumplirán sino hasta los últimos días.

Según ese punto de vista, así es como se podrían interpretar algunas de las visiones de Juan:

- La violencia y la devastación que surgen al abrir los sellos de Apocalipsis 6 y al hacer sonar las trompetas de Apocalipsis 8 son representaciones de la guerra romana del primer siglo contra la revuelta judía de Judea.

- La multitud de 144.000 personas de Apocalipsis 7 podría referirse a los cristianos judíos que huyeron de Judea durante o justo antes de la guerra.
- La mujer embarazada de Apocalipsis 12 es el Israel fiel que dio a luz a Jesucristo. Satanás (el dragón) persiguió a los judíos creyentes en Jesús por medio de la opresión romana. Sin embargo, ellos escaparon de la destrucción de Jerusalén en el primer siglo al prestar atención a las palabras de Jesús de Lucas 21:20-22: «Cuando vean a Jerusalén rodeada de ejércitos, [...] los que estén en Judea huyan a las colinas».
- La bestia del mar de Apocalipsis 13 fue el emperador Nerón, quien persiguió severamente a los cristianos durante aproximadamente cuarenta y dos meses, desde el otoño del año 64 d. C. hasta finales de la primavera del año 68 d. C. Cuando se escribe en letras hebreas, «Nerón César» suma un total de 666.
- La bestia de la tierra de Apocalipsis 13 es uno de los falsos profetas que descarriaron a la gente antes de la destrucción del templo, sobre los cuales Jesús advirtió: «Aparecerán muchos falsos profetas y engañarán a mucha gente» (Mateo 24:11).

A la espera de un nuevo día

Es importante observar que ninguno de esos cuatro enfoques de Apocalipsis excluye a los demás por completo. Los escritores bíblicos mezclaron géneros literarios, por lo que casi todos los intérpretes de hoy en día se basan en más de uno de los cuatro enfoques al leer la literatura apocalíptica de la Biblia.

De hecho, todos los cristianos entienden los capítulos finales del libro (Apocalipsis 20 y 21) desde un punto de vista futurista, incluso si tienen enfoques muy diferentes para el resto del libro. Todos los creyentes en Jesús esperan contemplar el cielo nuevo y la tierra nueva que Juan presenció. Ese día será un día glorioso, en el cual, como registra Juan, «Dios mismo estará con ellos. Él les secará toda lágrima de los ojos, y no habrá más muerte ni tristeza ni llanto ni dolor. Todas esas cosas ya no existirán más» (Apocalipsis 21:3-4).

El libro del Apocalipsis comienza con la promesa de que todos aquellos que lo lean y tomen sus palabras en serio recibirán bendición (Apocalipsis 1:3). Independientemente de cuál de los enfoques elijas, o de cómo entiendas los diversos detalles de las visiones, vale la pena leer, estudiar y tomar en serio las palabras de Apocalipsis.

Juan termina el libro con una oración que cualquiera que espere el glorioso regreso del Rey Jesús puede repetir: «¡Amén! ¡Ven, Señor Jesús!».

PUNTO DE VISTA FUTURISTA	Apocalipsis anuncia lo que sucederá en el futuro, antes y durante los últimos días. Los escritos apocalípticos de la Biblia se leen como profecías predictivas acerca de los acontecimientos que aún no han ocurrido.
PUNTO DE VISTA HISTORICISTA	El Apocalipsis cuenta lo que está sucediendo desde la perspectiva de Dios a lo largo de un período particular de la historia. Los escritos apocalípticos de la Biblia se leen como relatos de ciertas épocas de la historia.
PUNTO DE VISTA IDEALISTA	El Apocalipsis narra, con un lenguaje vívido, el conflicto que siempre ocurre entre el bien y el mal. Los escritos apocalípticos de la Biblia se leen como expresiones simbólicas de las luchas entre el bien y el mal que ocurren en todas las épocas.
PUNTO DE VISTA PRETERISTA	Apocalipsis habla de acontecimientos que ocurrieron en el primer siglo, alrededor de la época en que Juan escribió el libro. Los escritos apocalípticos de la Biblia se leen como descripciones elaboradas de acontecimientos históricos que ocurrieron cerca de la época en que se escribieron.

CAPÍTULO 4

¿Qué dijo Jesús acerca de los últimos días?

Jesús habló mucho sobre los últimos días, ¡y no es de extrañar! Jesús es el principio y el fin, la fuente y la meta de la obra de Dios en la historia humana. El futuro tiene un nombre; ese nombre es Jesús.

La mayor parte de lo que Jesús les dijo a sus primeros seguidores acerca de los últimos días no consistió en conferencias o discursos, sino en contar parábolas. Las parábolas son analogías en forma de historias cortas que transmiten un aspecto particular acerca de la obra de Dios. Jesús les habló a sus discípulos acerca de:

- **Un campo** en el que la maleza y el trigo crecieron juntos porque un vecino malvado había arrojado semillas de hierbas malas en el campo; el trigo y la maleza permanecieron juntos hasta el tiempo de la cosecha, momento cuando se los separó (Mateo 13:24-43).

- **Una red** que atrapó toda clase de peces; los peces buenos se guardaron en canastas mientras que los malos se tiraron (Mateo 13:47-50).
- **Un rey** cuyos invitados rechazaron su invitación al banquete de bodas del príncipe heredero. Entonces, el rey recibió a quienes pudo encontrar para que asistieran, invitados buenos y malos. Sin embargo, cuando un invitado vestido inadecuadamente se coló en el banquete, el rey lo echó de la fiesta (Mateo 22:1-14).
- **Cinco damas de honor** que se perdieron la llegada del novio porque no estaban preparadas por no haber llevado suficiente aceite de oliva para sus lámparas; por otro lado, a las otras cinco damas de honor, que sí se habían preparado, les dieron la bienvenida en el banquete de bodas (Mateo 25:1-13).
- **Tres siervos** que fueron glorificados o condenados por lo que habían hecho con el dinero que su amo les había confiado mientras se había ausentado por un largo viaje (Mateo 25:14-30).
- **Personas de todas las naciones** a quienes separó «como un pastor separa a las ovejas de las cabras», en función de cómo habían respondido a quienes sufrían necesidad (Mateo 25:31-46).

¿Qué nos revelan esas enseñanzas de Jesús acerca de los últimos días? A continuación, tres verdades que vienen directamente de esas parábolas:

1. Jesús regresará

En la parábola de las damas de honor, Jesús (el novio) llegó después de que «se demoró» (Mateo 25:5). En la historia de las ovejas y las cabras, el Hijo del Hombre regresa «en su gloria» (Mateo 25:31).

2. Nadie sabe cuándo regresará Jesús

Antes de que contara la historia de las damas de honor que se quedaron sin aceite, Jesús puntualizó con toda claridad que nadie podría saber la hora de su regreso: «Sin embargo, nadie sabe el día ni la hora en que sucederán estas cosas, ni siquiera los ángeles en el cielo ni el propio Hijo. Solo el Padre lo sabe» (Mateo 24:36). Los ángeles no lo saben. Los discípulos no lo saben. De hecho, durante su tiempo en la tierra, ¡ni siquiera Jesús sabía cuándo regresaría! Jesús concluyó la parábola de las damas de honor instando a sus discípulos: «¡Así que ustedes también deben estar alerta! Porque no saben el día ni la hora de mi regreso» (Mateo 25:13).

3. Habrá un juicio final

Después de separar el trigo de la maleza, los ángeles arrojarán la maleza a un horno ardiente, donde los condenados rechinarán los dientes y llorarán de agonía. Un destino similar tendrán los peces que no sirven, el colado en la boda del hijo del rey, el siervo que se guardó el dinero de su amo y las cabras que se negaron a ayudar a los hermanos y hermanas de Jesús.

Cuando se trata de esos tres puntos acerca de los últimos días, todos aquellos que confían en la verdad de las Escrituras pueden encontrar un terreno común.

El Sermón del monte de los Olivos

En una ocasión, Jesús enseñó acerca de los últimos días por medio de una profecía en lugar de una parábola. Esa enseñanza profética la pronunció en el monte de los Olivos, justo al otro lado del muro de Jerusalén, apenas unos días antes de que Jesús marchara hacia la Cruz.

Esto es lo que sucedió: cuando Jesús salió del atrio del templo, algunos de sus seguidores le señalaron el esplendor del templo que el rey Herodes había renovado para convertirlo en el edificio más deslumbrante de Jerusalén. Jesús respondió y predijo lo impensable: *el templo sería destruido.*

> *«¿Ven todos esos edificios? Les digo la verdad, serán demolidos por completo. ¡No quedará ni una sola piedra sobre otra!».* (Mateo 24:2)

Cuando llegaron al monte de los Olivos, los discípulos le preguntaron a Jesús: «Dinos, ¿cuándo sucederá todo eso? ¿Qué señal marcará tu regreso y el fin del mundo?» (Mateo 24:3). Jesús les reveló una serie de acontecimientos que, para él y sus primeros seguidores, todavía estaban en el futuro. Debido a que sus palabras se pronunciaron en el monte de los Olivos, esa extensa enseñanza se conoce como el Sermón del monte de los Olivos. Aparece en tres de los Evangelios: Mateo 24; Marcos 13; Lucas 21.

Jesús les dijo a sus discípulos en el monte de los Olivos que:

- Falsos mesías y falsos profetas llegarán en su nombre y engañarán a muchas personas. Habrá guerras y amenazas de guerras, hambres, terremotos y plagas. Los seguidores de Jesús sufrirán traición, odio, cárcel y juicio. Sin embargo, el Espíritu Santo los guiará. A pesar de la persecución, el evangelio se predicará en todo el mundo (Mateo 24:4-14, 23-26; Marcos 13:5-9, 21-23; Lucas 21:8-16).

- Cuando el «objeto sacrílego que causa profanación» esté en el Lugar Santo, quienes estén en Judea deberán huir inmediatamente a las montañas (Mateo 24:15-20; Marcos 13:14-18; Lucas 21:20-23).

- El mundo verá una «angustia tan grande» como nunca antes la haya visto. Ejércitos rodearán Jerusalén y los gentiles la pisotearán (Mateo 24:21-25; Marcos 13:19-20; Lucas 21:20-24).

- El sol y la luna se oscurecerán, y las estrellas caerán del cielo (Mateo 24:29; Marcos 13:24-25; Lucas 21:25-26).

- Todas las personas verán al Hijo del Hombre que viene en las nubes con poder y gloria. Entonces, se reunirá a los elegidos de toda la tierra (Mateo 24:30-31; Marcos 13:26-27; Lucas 21:27-28).

- Esta generación no pasará hasta que todos esos acontecimientos hayan sucedido (Mateo 24:32-35; Marcos 13:28-31; Lucas 21:29-36).

Si bien nadie sabe exactamente cuándo regresará el Señor (Jesús fue muy claro en ese punto), los lectores de la Biblia hoy en día se preguntan *qué tan lejos* en el futuro están (o estuvieron) los acontecimientos del Sermón del monte de los Olivos.

- ¿Estaban los acontecimientos, literalmente hablando, a tan solo una generación de distancia, es decir, eventos que los discípulos experimentarían personalmente durante sus vidas?

- ¿Están los acontecimientos en un futuro lejano, es decir, más cerca del momento en que Jesús regrese a la tierra?

- Por otro lado, tal vez los dos escenarios sean ciertos: ¿Predijo Jesús en su sermón tanto los acontecimientos que ocurrieron en el primer siglo

CRONOLOGÍA DEL PRIMER SIGLO

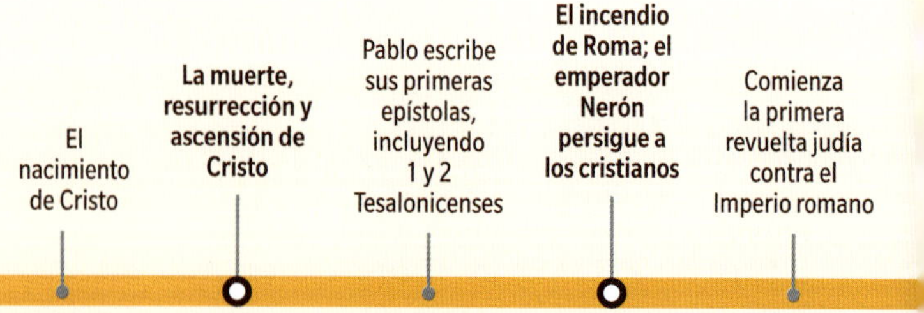

como aquellos que sucederán en los últimos días, justo antes de su regreso?

Los cristianos que creen de verdad en la Biblia difieren en cuanto a cómo responder esas preguntas. Hay dos formas principales en que los cristianos leen esas palabras que Jesús pronunció en el monte de los Olivos. Algunos se enfocan en los últimos días, en tanto que otros se enfocan en el primer siglo. Veamos cómo cada enfoque da como resultado diferentes formas de entender de lo que Jesús dijo.

➤ Enfoque en los últimos días

Desde esa perspectiva, los lectores ven las palabras de Jesús principalmente como descripciones de acontecimientos que sucederán en los últimos días. Jesús predijo la destrucción del templo del primer siglo. Sin embargo, el enfoque de su sermón estuvo en las calamidades que ocurrirán al comienzo de la Tribulación futura y en el sacrilegio que el Anticristo cometerá del templo judío que se reconstruirá durante la Tribulación

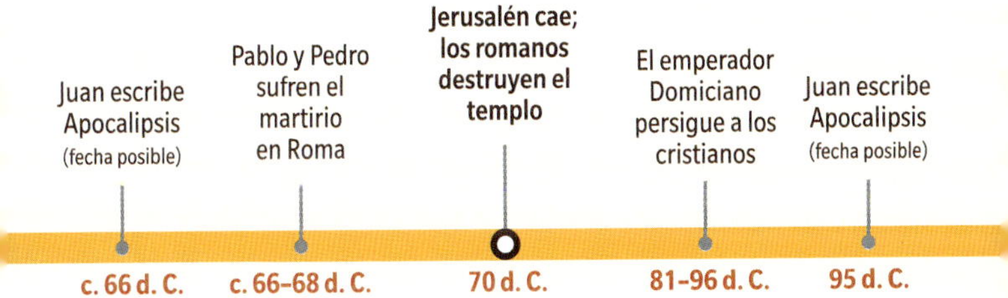

de siete años. A eso le seguirá el regreso del Hijo del Hombre a la tierra. Por lo tanto, los cristianos de hoy en día todavía esperan esos acontecimientos.

Los premilenialistas dispensacionales y algunos premilenialistas históricos leen el Sermón del monte de los Olivos desde ese punto de vista.

Enfoque en el primer siglo

Según esa perspectiva, la mayoría de los acontecimientos del Sermón del monte de los Olivos se cumplieron en el primer siglo. Por lo tanto, Jesús les advirtió a sus discípulos acerca de lo que sucedería en sus vidas, en particular, con respecto a los acontecimientos que rodearían la destrucción del templo, que ocurriría unas cuatro décadas después de Jesús.

Es frecuente que los amilenialistas, los posmilenialistas y muchos premilenialistas históricos lean el Sermón del monte de los Olivos desde ese punto de vista.

Ambas perspectivas coinciden en que Jesús predijo la destrucción del templo de Jerusalén en el año 70 d. C. y en que la última parte de su Sermón del monte de los Olivos describe los últimos días. Las dos perspectivas difieren en lo que ven como el enfoque de esas palabras proféticas. En ambas interpretaciones, Jesús comenzó advirtiendo a sus discípulos en cuanto a las calamidades que sucederían en sus vidas, luego terminó contándoles sobre su regreso al final de los tiempos. Veamos cómo cada enfoque ve seis predicciones principales del Sermón del monte de los Olivos.

1 Guerras, desastres naturales, persecución y falsos mesías

«Muchos vendrán en mi nombre y afirmarán: "Yo soy el Mesías", y engañarán a muchos. Oirán de guerras y de amenazas de guerras, pero no se dejen llevar por el pánico. Es verdad, esas cosas deben suceder, pero el fin no vendrá inmediatamente después. Una nación entrará en guerra con otra, y un reino con otro reino. Habrá hambres y terremotos en muchas partes del mundo. Sin embargo, todo eso es solo el comienzo de los dolores del parto, luego vendrán más. Entonces los arrestarán, los perseguirán y los matarán».

MATEO 24:5-9

➤ Enfoque en los últimos días

Los desastres naturales, las guerras, la persecución contra los cristianos y la llegada de falsos mesías y falsos profetas, incluso desde el interior de la iglesia, todo ese escenario describe la era, ya sea inmediatamente antes de la Tribulación futura o durante la primera parte de dicha Tribulación.

De acuerdo con los dispensacionalistas, Jesús sacará a su iglesia del mundo en el Rapto, antes de (o a la mitad de) la Tribulación, la cual durará siete años.

Algunos lectores ven paralelismos entre el Sermón del monte de los Olivos y el libro del Apocalipsis[5].

	MATEO 24	APOCALIPSIS 6
Anticristo	«Muchos vendrán en mi nombre y afirmarán: "Yo soy el Mesías", y engañarán a muchos» (v. 5).	Al jinete del caballo blanco «se le colocó una corona sobre la cabeza. Salió cabalgando para ganar muchas batallas y obtener la victoria» (v. 2).
Guerras	«Oirán de guerras y de amenazas de guerras» (v. 6).	Al jinete del caballo rojo «se le dio una gran espada y la autoridad para quitar la paz de la tierra. Y hubo guerra y masacre por todas partes» (v. 4).
Hambre	«Habrá hambres» (v. 7).	El jinete del caballo negro sostiene una balanza, lo que indica escasez de alimentos (vv. 5-6).
Desastres	«Habrá [...] terremotos» (v. 7) y «plagas en muchos países» (Lucas 21:11).	El jinete del caballo verde pálido trae muerte «con espada, [...] con enfermedad y con animales salvajes» (v. 8).
Martirio	«Los arrestarán, los perseguirán y los matarán» (v. 9).	Juan ve «las almas de todos los que habían muerto como mártires por causa de la palabra de Dios y por haber sido fieles en su testimonio» (v. 9).

Enfoque en el primer siglo

Las «guerras y amenazas de guerras» fueron conflictos que estallaron en el año 66 d. C. entre los romanos y bandas ambulantes de revolucionarios judíos. Dos años más tarde, el emperador Nerón se suicidó, luego, se levantaron otros tres emperadores y cayeron en medio de una violenta guerra civil. Bajo el emperador Vespasiano y más adelante su hijo, Tito, las legiones romanas llegaron a Galilea y se dirigieron al sur hacia Jerusalén para sofocar la rebelión judía. El historiador judío Josefo escribió que, en las orillas del mar de Galilea, «se podía ver todo el lago rojo de sangre y cubierto de cadáveres, porque ni un solo hombre escapó»[6].

Un profeta cristiano predijo una hambruna que ocurrió a finales de los años 40, durante el reinado del emperador Claudio (Hechos 11:28). Un terremoto sacudió Pompeya y Herculano en el año 62 d. C. El filósofo Séneca, quien escribió a mediados de los años 60, describió cómo los terremotos habían destruido doce ciudades del Asia Menor[7]. Josefo informó de un fuerte temblor de la tierra alrededor de Jerusalén, poco antes de que Jerusalén cayera en manos de los romanos[8].

«Los arrestarán, los perseguirán y los matarán» puede referirse a la persecución de los cristianos por parte del emperador Nerón. Después del incendio provocado en Roma en el año 64 d. C., Nerón atacó brutalmente a los cristianos de la ciudad y sus alrededores. El apóstol Pedro sufrió el martirio durante ese período de persecución.

Doce años después de que Jesús advirtió acerca de «falsos mesías y falsos profetas», un autoproclamado profeta llamado Teudas condujo a cientos de personas a la muerte (Hechos 5:36). Más adelante, un egipcio anónimo y sus seguidores corrieron la misma suerte (Hechos 21:38).

2 La profanación del Lugar Santo

«Llegará el día cuando verán de lo que habló el profeta Daniel: el objeto sacrílego que causa profanación de pie en el Lugar Santo. (Lector, ¡presta atención!). Entonces los que estén en Judea huyan a las colinas».

MATEO 24:15-16

➤ Enfoque en los últimos días

La frase «el objeto sacrílego que causa profanación» proviene del profeta del Antiguo Testamento Daniel. En una visión apocalíptica, un ángel le dice a Daniel que «el fin llegará con una inundación; guerra, y la miseria que acarrea, está decretada desde ese momento hasta el fin», así como que llegará alguien que, en el templo, «colocará un objeto sacrílego que causa profanación hasta que el destino decretado para este profanador finalmente caiga sobre él» (Daniel 9:26-27).

Aquí, los dispensacionalistas entienden que el Anticristo entrará en el templo reconstruido («el Lugar Santo») y

se proclamará a sí mismo como divino. Esa proclamación ocurrirá a mitad de la Tribulación de siete años.
Ese acto sacrílego marcará el comienzo de la Gran Tribulación, la cual es la segunda mitad de la Tribulación (2 Tesalonicenses 2:3-9; Apocalipsis 13). Jesús les estaba advirtiendo a los futuros creyentes judíos que pudieran estar en Israel durante la Tribulación que huyeran a las colinas cuando ese acontecimiento ocurriera. Luego la peor de las manifestaciones de la ira de Dios caerá sobre la tierra durante esa última parte de la Tribulación.

Enfoque en el primer siglo

«El Lugar Santo» podría referirse al templo judío del primer siglo o, más ampliamente, a toda la Tierra Prometida[9]. La «profanación» es un acontecimiento sacrílego que ocurre en medio del último «conjunto de siete» de Daniel (Daniel 9:27). Los primeros líderes cristianos, desde Eusebio y Atanasio hasta Juan Crisóstomo y Clemente de Alejandría, relacionaron esa profanación con los acontecimientos que condujeron a la destrucción del templo en el primer siglo. Estas son algunas posibilidades:

- La profanación pudo haber sido el rechazo que los líderes religiosos le mostraron a Jesús, el verdadero templo de Dios (Juan 2:13-22). Ese rechazo abominable resultó en la «profanación» del templo judío.

- La profanación pudo haber sido la violación judía del templo durante el asedio romano. Al tratar de fortalecer su propia posición contra otras facciones de su propio pueblo, algunos de los rebeldes judíos, como explicó Josefo, hicieron del «templo un receptáculo de toda iniquidad, de modo que el lugar divino ahora ha llegado a estar contaminado por las manos de nuestro propio pueblo». Poco antes de la caída de Jerusalén, el líder rebelde Juan de Giscala «cometió sacrilegio» al fundir las preciosas vasijas del templo para enriquecerse[10].

- La profanación pudo haber sido la violación romana de Judea, de Jerusalén y del templo. Durante toda su conquista y asedio, los romanos llevaron insignias o estandartes paganos y les ofrecieron sacrificios. Los soldados romanos colocaron sus insignias en el templo y celebraron su victoria con sacrificios. Según una fuente judía posterior, el comandante del ejército romano incluso entró al lugar más sagrado

El sitio y destrucción de Jerusalén (David Roberts, c. 1850)

> del templo y cometió fornicación con una ramera, encima de un rollo desenrollado de las Escrituras hebreas[11].

Jesús les advirtió a sus seguidores que huyeran de Judea cuando vieran señales de esa profanación que se avecinaba, por lo que eso fue precisamente lo que hicieron. Josefo describió cómo la gente salió de la ciudad sitiada, lo que comenzó en el año 66 d. C. y continuó hasta las semanas inmediatamente anteriores a la caída de Jerusalén. Según varias fuentes antiguas, los miembros de la iglesia de Jerusalén habían recibido una advertencia divina antes de la revuelta, en la que se les decía que abandonaran la ciudad[12].

3 La angustia tan grande

> *«Pues habrá más angustia que en cualquier otro momento desde el principio del mundo. Y jamás habrá una angustia tan grande. [...] Pues, así como el relámpago destella en el oriente y brilla en el occidente, así será cuando venga el Hijo del Hombre».*
>
> MATEO 24:21-27

➤ Enfoque en los últimos días

Los dispensacionalistas normalmente ven los cuarenta y dos meses que se mencionan en Apocalipsis 11:2 como la primera mitad de la Tribulación de siete años, cuando los gentiles «pisotearán la ciudad santa». Apocalipsis 13:5 describe la segunda mitad de la Tribulación, cuando a la bestia del mar (el Anticristo) se le da el poder de hablar blasfemias y ejercer autoridad. Esa segunda mitad de la Tribulación es la Gran Tribulación o la angustia tan grande que Jesús predijo.

La Tribulación terminará cuando Jesús regrese de manera personal y visible a la tierra. Su segunda venida acortará «ese tiempo de calamidad» por causa de los elegidos de Dios (Marcos 13:18-20). Tanto los premilenialistas dispensacionales como los premilenialistas históricos ven la llegada de Cristo, al final de la Tribulación, como el momento en que derrotará todo poder de las tinieblas en la batalla de Armagedón. Luego, establecerá su reino milenial.

Enfoque en el primer siglo

Las interpretaciones varían con respecto a cuánto tiempo duró o dura la angustia tan grande (o la Gran Tribulación).

Algunos creen que la Tribulación se cumplió en los años previos a la destrucción del templo de Jerusalén. Durante ese tiempo, el lugar que Dios había escogido, donde «su nombre será honrado» (Deuteronomio 12:5), fue profanado de maneras que nunca antes habían sucedido y nunca volverán a suceder.

Sin embargo, otros, ven ese tiempo de angustia como mucho más prolongado. Desde ese punto de vista, la Tribulación comenzó en el primer siglo, continúa hasta el día de hoy y continuará hasta que Jesús regrese. En otras palabras, comenzó con el asedio de Jerusalén en el primer siglo (pasado), pero continuará hasta la segunda venida de Jesús (futuro). A lo largo de ese tiempo de tribulación en el que ahora vivimos, el mal continuará multiplicándose hasta que Jesús regrese y destruya el dominio del diablo.

LA LLEGADA DEL SEÑOR

La imagen del relámpago proviene de las profecías de Zacarías 9:14-17 y apunta a Dios que llega a la escena como un poderoso guerrero a salvar a su pueblo: «¡El Señor aparecerá sobre su pueblo y sus flechas volarán como rayos! El Señor Soberano hará sonar el cuerno de carnero y atacará como un torbellino desde el desierto del sur» (versículo 14).

«Cuando venga el Hijo del Hombre», lo cual será un hecho tan visible como un relámpago, puede ser una referencia simbólica al juicio de Dios sobre Israel en el año 70 d. C. (pasado) o al regreso de Jesús a la tierra inmediatamente antes de que termine el tiempo y comience la eternidad (futuro).

4 El sol y la luna se oscurecen, y las estrellas caen

«Inmediatamente después de la angustia de esos días, "El sol se oscurecerá, la luna no dará luz, las estrellas caerán del cielo, y los poderes de los cielos serán sacudidos"».

MATEO 24:29

➤ Enfoque en los últimos días

Las palabras de Jesús en esta predicción hacen eco de las palabras de Isaías 13:10; 34:4. Independientemente de cuál de los cuatro puntos de vista milenialistas sea el que se sostenga, casi todos entienden que Mateo 24:29 se refiere al juicio que Cristo traerá cuando regrese a la tierra. No obstante, los puntos de vista difieren en cuanto a cuán literal o figuradamente se puede interpretar dicha predicción.

Algunos intérpretes esperan que catástrofes cósmicas reales acompañen la segunda venida del Mesías. También consideran que este texto se refiere al mismo acontecimiento que Juan describió en Apocalipsis 19:11-16, donde el «Rey de todos los reyes y Señor de todos los señores» cabalga sobre un caballo blanco y juzga a las naciones.

Otros toman la descripción del sol, la luna y las estrellas en sentido figurado. Cuando Jesús dijo: «después de la angustia de esos días», estaba describiendo un tiempo después de la Tribulación al usar términos que tomó de los antiguos profetas hebreos. En el Antiguo Testamento, las imágenes de cuerpos celestes que se oscurecen o que tiemblan simbolizan el juicio divino sobre una nación:

- Isaías predijo la caída de Babilonia, la cual ocurrió en el año 539 a. C., cuando dijo: «las estrellas no darán luz. El sol estará oscuro cuando salga y la luna no iluminará» (Isaías 13:10).

- Cuando Isaías describió el desmoronamiento del poder de Egipto en los siglos VII y VI a. C., declaró que «el SEÑOR avanza [...] sobre una nube veloz» (Isaías 19:1).

- En el libro de Ezequiel, Dios dice acerca de Egipto después de la muerte de Faraón: «cubriré los cielos y oscureceré las estrellas. Taparé el sol con una nube, y la luna no te dará su luz» (Ezequiel 32:7-8).

Es poco probable que Dios volara físicamente en una nube en la atmósfera sobre África mientras el poder de Egipto flaqueaba o que el sol, la luna y las estrellas dejaran de dar luz cuando cayó Babilonia. Así que tal vez Jesús no tenía la intención de que sus palabras del Sermón del monte de los Olivos significaran literalmente que las estrellas caerían y el sol y la luna dejarían de brillar. En lugar de eso, usó el lenguaje familiar de los profetas para describir un decisivo futuro juicio de Dios.

De cualquier manera, la mayoría de los intérpretes están de acuerdo en que esos versículos describen acontecimientos que conducen al fin de los tiempos.

➤ Enfoque en el primer siglo

Algunos intérpretes preteristas ven esta predicción como una descripción simbólica del juicio divino sobre el pueblo judío en el año 70 d. C.

5 La señal de que el Hijo del Hombre viene

«Y entonces, por fin, aparecerá en los cielos la señal de que el Hijo del Hombre viene, y habrá un profundo lamento entre todos los pueblos de la tierra. Verán al Hijo del Hombre venir en las nubes del cielo con poder y gran gloria. Enviará a sus ángeles con un potente toque de trompeta y reunirán a los elegidos de todas partes del mundo, desde los extremos más lejanos de la tierra y del cielo».

MATEO 24:30-31

➤ Enfoque en los últimos días

Las palabras de Jesús que se traducen en Mateo 24:30 como «pueblos de la tierra» también se pueden traducir como «tribus de la tierra». Desde un punto de vista dispensacionalista, esas palabras se refieren al pueblo judío. Cerca del final de la Tribulación de siete años, las naciones de la tierra se unirán contra Israel, lo que culminará en la batalla de Armagedón. A medida que esos ejércitos se acerquen a Israel, el pueblo judío se arrepentirá («habrá un profundo lamento») y finalmente reconocerá a Jesús como su Mesías.

La «señal de que el Hijo del Hombre viene» será la gloriosa aparición de Cristo. Él destruirá a los enemigos de Israel y reunirá a todos aquellos que confían en él («los elegidos de todas las partes del mundo»).

Zacarías predijo ese acontecimiento en el Antiguo Testamento y describió su visión con estas palabras del Señor:

> *Pues en aquel día comenzaré a destruir a todas las naciones que ataquen a Jerusalén. Entonces derramaré un espíritu de gracia y oración sobre la familia de David y sobre los habitantes de Jerusalén. Me mirarán a mí, a quien atravesaron, y harán duelo por él como por un hijo único. Se lamentarán amargamente como quien llora la muerte de un primer hijo varón. El dolor y el luto en Jerusalén serán tan grandes como el duelo por Hadad-rimón en el valle de Meguido.* (Zacarías 12:9-11)

Enfoque en el primer siglo

Otros puntos de vista acerca de los últimos días concuerdan con los dispensacionalistas en que las palabras de Jesús hacen eco de Zacarías y que es probable que «todos los pueblos de la tierra» se refiera al pueblo judío. Sin embargo, no están de acuerdo en lo que significan el «tiempo de lamento» y la «señal de que el Hijo del Hombre viene».

Algunos sugieren que esos momentos de lamento tuvieron lugar en el primer siglo. De ser así, «verán al Hijo del Hombre venir en las nubes» es una metáfora del juicio de Dios sobre Israel, similar a la descripción que hizo Isaías del juicio de Dios sobre Egipto (Isaías 19:1). Después de que Jerusalén cayó en manos de los romanos, Dios comenzó a reunir a su pueblo principalmente de entre los gentiles. Esa reunión continuará hasta que una gran multitud de gentiles llegue a la fe en Jesús (Romanos 11:25). Si se entiende de esa manera, Jesús no se refería en lo más mínimo a su regreso, sino que describía las consecuencias que traería la destrucción del templo en el año 70 d. C.

¿Qué podría haber sido en el año 70 una «venida» y una «señal» que la gente pudo ver? Algunas personas de Judea atestiguaron una serie de señales extrañas y milagrosas que marcaron la caída del templo. Josefo describió esos sucesos de esta manera:

> *Supongo que este relato parecería ser falso, si no fuera porque los testigos oculares lo avalaron: [...] Antes de la puesta del sol, se veían carros en el aire por toda la tierra, y soldados con armadura corrían a través de las nubes y rodeaban las ciudades. [...] Cuando los sacerdotes iban de noche al atrio interior, sintieron un temblor y oyeron un gran estruendo. Después de eso, oyeron un sonido como el de una gran multitud que decía: «Vámonos de este lugar»*[13].

El historiador romano Tácito describió un momento en el que

> *en el cielo apareció una visión de ejércitos con armaduras brillantes en conflicto. ¡Entonces un*

> *relámpago de las nubes iluminó el templo! Las puertas de ese lugar sagrado se abrieron de repente, se escuchó una voz sobrehumana que declaraba que los dioses se iban, y, al mismo tiempo, se escuchó el sonido de un tumulto apresurado*[14].

A la luz de esos informes, es posible que haya aparecido una señal visible del Hijo del Hombre en las nubes del cielo en el primer siglo.

Otra interpretación de las palabras de Jesús es que él se refería tanto a acontecimientos pasados como a futuros. La Gran Tribulación se ve como una era que comenzó con la persecución romana de los cristianos (pasado) y que continuará hasta que Jesús regrese (futuro). Cristo se revelará y regresará a la tierra «inmediatamente después de la angustia de esos días», tal como lo predijo (Mateo 24:29). El «profundo lamento» representa la reacción del pueblo judío al fin de los tiempos, cuando reconozcan cómo sus antepasados rechazaron al Mesías de Israel (Zacarías 12:9-14; Romanos 11:17-27). Aunque se vieron señales sobrenaturales en los cielos cuando cayó el templo, ninguna puede considerarse, según algunos intérpretes, como la venida de Cristo con poder y gran gloria.

6 Esta generación

«Ahora, aprendan una lección de la higuera. Cuando las ramas echan brotes y comienzan a salir las hojas, ustedes saben que el verano se acerca. De la misma manera, cuando vean que suceden todas estas cosas, sabrán que su regreso está muy cerca, a las puertas. Les digo la verdad, no pasará esta generación hasta que todas estas cosas sucedan».

MATEO 24:32-34

➤ Enfoque en los últimos días

Según algunos dispensacionalistas, «esta generación» se refiere a la generación que estará en la tierra durante la Gran Tribulación. Si ese es el significado de «esta generación», Jesús les estaba diciendo a sus discípulos que quienes vivirán durante la Gran Tribulación son las personas que verán el regreso de Jesús a la tierra[15].

Otros dispensacionalistas consideran el florecimiento de la higuera un símbolo o del establecimiento de la moderna nación de Israel en 1948 o tal vez de la guerra de los Seis Días de 1967[16]. Si es así, la Tribulación hubiera ocurrido durante las vidas de las personas que estaban vivas en 1948 o 1967. Por lo tanto, la generación que presenció el establecimiento de la moderna nación de Israel sería la que vería la Tribulación y el regreso de Cristo.

Enfoque en el primer siglo

Según algunos, «esta generación» se refiere solo a las personas que estaban vivas cuando Jesús pronunció esas palabras. La medida normal de una generación en el Antiguo Testamento era de cuarenta años (ver Números 14:34). Jesús pronunció el Sermón del monte de los Olivos alrededor del año 30 d. C., por lo que el 70 d. C. estaba casi exactamente a una generación de distancia. La frase «todas estas cosas» se referiría, entonces, a la destrucción del templo y a todos los disturbios que rodearon la guerra romano-judía.

Según otros, «esta generación» es la iglesia de todas las épocas. Al escribir a las iglesias del primer siglo, el apóstol Pedro dijo: «ustedes [...] son un pueblo elegido. Son sacerdotes del Rey, una nación santa, posesión exclusiva de Dios» (1 Pedro 2:9). Juan Crisóstomo, un pastor del siglo IV, entendía «esta generación» como una referencia a la era de la iglesia, de manera que esa interpretación tiene una larga historia[17]. Si esa era la intención de las palabras de Jesús, lo que Jesús estaba declarando era que ninguna persecución o tribulación destruiría a la iglesia. La Iglesia persistirá hasta su regreso, cuando la última de esas profecías finalmente se cumplirá.

ESTAR PREPARADOS PARA LOS ÚLTIMOS DÍAS

Después de la resurrección de Jesús, cuando los discípulos le preguntaron detalles en cuanto a cuándo establecería el reino, él respondió:

> *Solo el Padre tiene la autoridad para fijar esas fechas y tiempos, y a ustedes no les corresponde saberlo.* (Hechos 1:7)

Después Jesús les recordó de inmediato a sus seguidores su responsabilidad de compartir con todos lo que habían visto en él:

> *Y serán mis testigos [...] hasta los lugares más lejanos de la tierra.* (Hechos 1:8)

Jesús desvió la atención de ellos de la preocupación por las «fechas y tiempos» y la centró en su comisión de proclamar el evangelio.

Las palabras que se traducen al español como «fechas» y «tiempos» en este pasaje son dos palabras griegas:

- *Fechas* es la traducción de una forma de la palabra griega *jrónos,* que señala el tiempo cronológico y lineal que se mide con un calendario, un reloj de sol o un reloj; *jrónos* incluye años, meses, días y horas.
- *Tiempos* (o *épocas*) es la traducción de una forma de la palabra griega *kairós,* una palabra que apunta a la calidad o el tipo de tiempo. El enfoque de *kairós* está en la oportunidad o el significado de un tiempo en particular.

Al usar ambos términos, Jesús dejó claro que no solo no les correspondía a los discípulos saber cuándo regresaría, sino que tampoco, necesariamente, sabrían qué tipo de tiempo sería cuando regresaría.

Incluso después de que Jesús desapareció en el cielo oriental, sus seguidores batallaron con problemas relacionados con su regreso. Veinte años después de la ascensión de Jesús, alguien falsificó una carta en nombre de Pablo y afirmó a la iglesia tesalonicense que Jesús ya había regresado (2 Tesalonicenses 2:2; 3:17). No es de sorprender que la idea de que pudieran haberse perdido el regreso de su Salvador ocasionara un gran revuelo entre los cristianos de Tesalónica.

Pablo respondió afirmando que el día del Señor, definitivamente, no había llegado aún:

> *Ahora, amados hermanos, aclaremos algunos aspectos sobre la venida de nuestro Señor Jesucristo y cómo seremos reunidos para encontrarnos con él. No se dejen perturbar ni se alarmen tan fácilmente por los que dicen que el día del Señor ya ha comenzado. No les crean, ni siquiera si afirman haber tenido una visión espiritual, una revelación o haber recibido una carta supuestamente de nosotros. No se dejen engañar por lo que dicen.*
> (2 Tesalonicenses 2:1-3)

Después, Pablo escribió que, antes de la Segunda Venida, habria una rebelión de la humanidad contra Dios y la revelación de un hombre de anarquía.

Sin embargo, Pablo no se detuvo mucho en los detalles. De hecho, dedicó menos de una docena de versículos a estos temas. El propósito de Pablo no era inducir a los tesalonicenses a especular acerca de quién podría ser el hombre de anarquía o cuándo podría ocurrir la rebelión. Más bien, era que «nuestro Señor Jesucristo mismo y Dios nuestro Padre [...] los conforten y fortalezcan en todo lo bueno que ustedes hagan y digan» (2 Tesalonicenses 2:16-17).

Pablo no tenía miedo de hablar sobre los últimos días, pero sabía que los últimos días no son el objetivo del plan de Dios. El objetivo del plan de Dios es Jesucristo mismo, y llegará el día en que todas las cosas se sometan a Jesús (Filipenses 2:10-11). De esa manera, Pablo llamó a los cristianos a descansar tranquilos y a encontrar consuelo en la promesa de Dios de que, un día, sin importar cuándo llegue ese día, se harán nuevas todas las cosas.

¿Notas un patrón? El enfoque de cada uno de estos pasajes bíblicos que tratan sobre los últimos días no está en los detalles de cómo podría terminar el tiempo. Es cierto que se describen algunos sucesos futuros. Sin embargo, una y otra vez, el énfasis se encuentra en la suficiencia de Jesús, aquel por medio de quien Dios llevará a cabo el fin a su propio tiempo. Jesús es la meta del plan de Dios y la señal suprema de la obra de Dios en la historia humana. Debido a que Jesús cumplió perfectamente la voluntad de su Padre, los últimos días ya están en marcha y el triunfo de Dios está garantizado.

Notas

1 Adaptado de Graeme Goldsworthy, *Gospel and Kingdom* (Paternoster, 1994), capítulo 5. Publicado en español como *Evangelio y reino* (Torrentes de Vida, 2014).

2 Percy, W. *The Message in the Bottle* [El mensaje en la botella] ed. reimpresa (Picador, 2000), 6, citado en R. Moore, «Personal and Cosmic Eschatology» [Escatología personal y cósmica], en *A Theology for the Church* [Una teología para la iglesia] ed. D. Akin (B&H Academic, 2007), 923.

3 Papías, *Fragments* [Fragmentos]; Justino Mártir, *Dialogue with Trypho* [Diálogo con Trifón], 80, 110; Ireneo, *Against Heresies* [Contra las herejías], 5:26; 5:30; 5:33; Tertuliano, *Against Marcion* [Contra Marción], 3:25 y *On the Resurrection of the Flesh* [Sobre la resurrección de la carne], 25.

4 Tim LaHaye, «One Hundred Forty-Four Thousand» [Ciento cuarenta y cuatro mil», *The Popular Encyclopedia of Biblical Prophecy* [Enciclopedia popular de profecía bíblica] (Harvest House, 2004), 256 257.

5 Wayne House y Randall Price, *Charts of Bible Prophecy* [Gráficas de profecía bíblica], (Zondervan, 2003), 130.

6 Josephus, *The Jewish War* [Las guerras de los judíos], 3:10:9.

7 Séneca, *Natural Questions* [Cuestiones naturales], 6:1–11.

8 Josefo, *The Jewish War* [Las guerras de los judíos], 6:5:3.

9 Ver 2 Macabeos 2:18, donde un escritor judío se refiere a toda la tierra como «el lugar santo».

10 Josefo, *The Jewish War* [Las guerras de los judíos], 5:9:4; 5:13:6.

11 Babylonian Talmud, Gittin [Talmud de Babilonia, Guitín], 56b (9).

12 Atanasio, *Defense of His Flight* [Apología de fuga], 11; Juan Crisóstomo *Homilies*, [Homilías], 75:2, 76:1; Clemente, *Homilies* [Homilías], 3:15; Josefo, *The Jewish War* [Las guerras de los judíos] 2:20:1, 4:6:1, 4:7:3, 5:10:1, 5:13:4, 6:2:2, 6:6:1; Eusebio, *Church History* [Historia de la iglesia], 3:5; Epiphanius, *On Weights and Measures* [Sobre pesos y medidas], 15; Abot de Rabbi Nathan [Avot de Rabí Natán], (Brill, 1975), 67–69.

13 Josefo, *The Jewish War* [Las guerras de los judíos], 6:5:3.

14 Tácito, *Histories* [Historias], 5:13.

15 John Walvoord, *Prophecy Knowledge Handbook* (Victor Books, 1990), 391. Publicado en español como *Todas las profecías de la Biblia* (David C. Cook, 2011)

16 Walvoord, *Prophecy Knowledge Handbook* [Todas las profecías de la Biblia]; 391; Hal Lindsey, *The Late Great Planet Earth (Zondervan*, 1970), 53. Publicado en español como *La agonía del gran planeta tierra*, (Editorial Libertador, 1976).

17 Crisóstomo, *Homilies* [Homilías], 49.